단원 김홍도는 조선 시대 풍속화·
산수화의 대가입니다. 김홍도의 집안은 몹시
가난했지요. 하지만 그는 가난을 탓하지 않고 그림에만
전념했습니다. 우리나라 미술이 중국의 영향을 많이 받던
당시에 김홍도는 서민들의 생활상을 익살스럽게 표현하고
조국 강산의 아름다움을 표현해 우리 나라 고유의
독자적인 화풍을 확립했습니다.

추천 감수 김완기
- 한국아동문학회 중앙위원장, 한국아동문학연구회 수석부회장,
  국제펜 · 한국문인협회 · 한국저작권협회 회원.
- 초등학교 국어 교과서 집필 · 심의위원, 서울서래초등학교 교장 역임.
- 서울신문 신춘문예 동시 당선.
- 한국아동문학작가상, 한정동아동문학상, 대한민국동요대상 등 수상.
- 동화집 〈내 배꼽이 더 크단 말야〉 등 여러 권,
  동시집 〈엄마, 이게 행복인가 봐!〉,
  이야기책 〈마음이 따뜻한 101가지 이야기〉 등 다수의 어린이 책을 썼습니다.

추천 감수 이창수
- 한국문인협회 아동문학분과 회장, 한국아동문예작가회 명예회장,
  한국아동문학회 부회장, 국제펜 회원.
- 어린이 전문 출판사의 편집장, 주간 등 역임.
- 한국아동문예작품상, 한국아동문예상, 한국아동문학작가상, 김영일아동문학상 수상.
- 〈파란 꿈을 먹은 아이들〉, 〈따뜻한 남쪽 나라〉, 〈공포의 진주 동굴〉, 〈우주 여행〉, 〈구조대원 곰돌이〉,
  〈화성인과 아기 도깨비〉, 〈백두산에서 감나무골까지〉, 〈바닷속 동굴에서 만난 사람〉, 〈정수가 위험해〉 등
  200여 권의 어린이 책을 썼습니다.

추천 감수 송명호
- 한국아동문학회 회장, 한국문인협회 상임이사,
  국제펜클럽 한국본부 이사.
- 제1회 문화공보부 5월 예술상, 제1회 소년한국 문학상,
  소천아동문학상, 한국문학상, 대한민국문학상, 국제펜문학상 수상.
- 동시집 〈다섯 계절의 노래〉, 동화집 〈명견들의 행진〉,
  영화 시나리오 〈소만 국경〉, 방송극 〈개벽〉,
  장편 아동 소설집 〈전쟁과 소년〉(전5권), 〈똥판지 독도 탐방대〉,
  동극집 〈어린이 살롱 드라마〉와 〈한국 · 세계 위인 전기〉(전집) 등을 썼습니다.

추천 감수 이상현
- 한국문인협회 이사, 국제펜클럽 한국본부 감사, 한국아동문학회 수석부회장.
- 조선일보 기자, 서울 교통방송 편성국장, 숙명여대 및 인하대 강사 역임.
- 1962년 경향신문 신춘문예 동시 당선.
- 1979년 〈현대 시학〉 시 추천 완료.
- 한국문학상, 국제펜문학상, 세종아동문학상, 소천아동문학상, 김영일아동문학상, 한국동시문학상 등 수상.
- 동시집 〈햇빛마을 가는 길〉, 동화집 〈짝꿍〉 등 다수의 어린이 책을 썼습니다.

글 신충행
- 한국일보 신춘문예 동화 당선.
- 경남아동문학상, 계몽아동문학상, 한국동화문학상, 남명특별문학상 수상.
- 경남 산청, 진주, 통영, 삼천포 등의 학교를 거쳐 서울 알로이시오, 신사, 창동 초등학교 교사 역임.
- (재)사랑의 일기 지도교사 전국협의회장, 한국문인협회, 한국아동문학인협회, 계몽아동문학 회원.
- 현재 서울 이문초등학교 교사.
- 장 · 단편 동화집 〈향기 나는 친구〉 등 40여 권,
  위인전 〈백범 일지〉, 〈허균〉 등의 어린이 책을 썼습니다.

그림 장인찬
- 건국대학교에서 한국화를 전공했습니다.
- 현재 일러스트레이터로 활동하면서 어린이를 위한 동화에 그림을 그리고 있습니다.
- 〈단군 신화〉, 〈한지 제조〉, 〈요재지이〉, 〈단군 박혁거세〉,
  〈좋은 생각 키우기〉 등의 어린이 책에 그림을 그렸습니다.

■ 〈교과서 큰 인물 이야기〉는 한국아동문학회 회원 550여 분의 문인
  선생님들께서 '어린이들에게 바람직한 인성과 가치관을 길러 주며,
  쉽고 친절한 문장과 알찬 지식으로 어린이들의 독서 활동에 유익한
  도움을 주는 책'으로 추천해 주셔서 한국아동문학회 출판문화대상
  을 수상했습니다.

교과서 큰 인물 이야기 29 김홍도

펴낸이 박연환 | **펴낸곳** (주)한국헤르만헤세 | **출판등록** 제17-354호 | **본사** 경기도 성남시 분당구 금곡동 444-148 한국헤르만헤세 빌딩 | **대표전화** (031)715-7722 | **팩스** (031)786-1100 |
고객문의 080-715-7722 | **편집 책임** 김원선 | **디자인** 장선희, 김영주, 전선아 | **교정** 양은하, 이효선 | **교정 진행** 김진형, 정현희, 김승현, 허영란 | **이미지 제공** 연합포토, 엔싸이버 포토렌탈, 이미지클릭, 국립
중앙박물관 | ⓒ Korea Hermannhesse | 이 책의 저작권은 (주)한국헤르만헤세가 소유하고 있으므로 본사의 동의나 허락 없이 내용이나 그림을 어떠한 방법으로도 사용할 수 없습니다.
주의 본 교재를 던지거나 떨어뜨리지 않도록 주의하십시오. 다칠 우려가 있습니다. 고온 다습한 장소나 직사광선이 닿는 장소에는 보관을 피해 주십시오.

김홍도

글 신충행 | 그림 장인찬

한국헤르만헤세

귀신 같은 솜씨로 옛 그림을 그린 천재 화가

우리 나라 사람들 중에 단원 김홍도의 이름을 들어 보지 않은 사람은 거의 없을 거예요. 그만큼 김홍도는 우리 나라를 대표하는 유명한 화가랍니다.

김홍도는 단순히 손재주만으로 그림을 잘 그리는 화공이 아니라, 그림으로 세상을 표현하고 자신만의 독특한 세계를 이룩한 진정한 화가였습니다.

김홍도는 어려서부터 글공부보다는 그림에 뜻을 가지고 있었습니다. 당시 그림 그리는 일은 천하고 하찮게 여겨지는 직업이었어요. 하지만 김홍도의 부모님은 아들이 하고 싶어하는 일을 무조건 말리며 그 뜻을 꺾으려 하지 않고, 아들의 꿈을 이해하고 앞길을 열어 주기 위해 노력했습니다.

김홍도의 조상은 하급 무관 출신으로서, 중인의 신분이었어요. 김홍도의 집안에서 화원이 된 것은 그가 처음이었지요. 이 점은 보통 화원들이 집안 내림으로 그림을 그리는 일에 종사해 왔던 경우가 많은 것과 비교해 볼 때 오히려 그의 타고난 그림 솜씨가 남달랐음을 증명해 주는 대목이지요.

그 결과 김홍도는 조선에 우뚝 선 위대한 예술가가 되었습니다. 누구나 자신의 재능이 무엇인지를 깨닫고, 자기가 이루고자 하는 일에 최선을 다한다면, 그 길에는 반드시 자신을 믿고 도와주는 사람도 만나게 되고, 결국 뜻한 것을 이룰 수 있다는 것을 우리는 김홍도의 생애를 통하여 알 수 있습니다.

만약 김홍도가 최선을 다하는 화가가 아니었다면 당시 이름 높았던 김응환이나 강세황 같은 대가들의 눈길을 끌지도 못했을 것이고, 또 그들의 지원이 없었다면 최고의 화가로 성공하지도 못했을 것입니다.

이제 천재 화가 김홍도의 삶 속으로 함께 여행을 떠나 볼까요?

글쓴이 신 충 행

교과서 큰 인물 이야기 29

김홍도

그림밖에 모르는 아이

"어서 어제 배운 것을 외워 보아라!"

홍도는 서당에서 공부를 하다가 그만 꾸벅꾸벅 졸고 말았어요. 훈장님께서는 꾸짖는 대신 홍도에게 어제 내 준 숙제 검사를 하셨습니다.

오늘은 외가댁에 가는 날이어서 지난 밤 잠을 설쳤지요. 홍도는 자신의 그림을 늘 칭찬해 주시는 외할아버지께 보여 드리려고 밤늦도록 그림을 그리느라 숙제도 깜박 잊었어요.

홍도가 친구들 앞에서 쩔쩔매며 눈물을 흘리자 훈장님은 그런 홍도를 바라보며 오히려 딱하다는 표정을 지으셨어요.

개구쟁이 아이들은 홍도의 모습이 우습다는 듯이 킬킬거리기도 했지요. 속으로 '그림밖에 모르는 홍도 녀석, 보기 좋게 걸렸구나.' 하면서 말이에요.

오늘날까지 전해지는 김홍도의 〈서당〉이라는 그림에는 바로 이날 같은 서당의 풍경이 담겨 있답니다.

공부를 마치고 서당을 나온 홍도는 조금 전의 일을 금세 잊은 듯이 동무들과 헤어지자마자 집으로 달려갔어요. 그리고 어젯밤에 그려 놓은 그림을 둘둘 말아 품에 안고서 외갓집으로 향했습니다.

외할아버지 댁은 야트막한 재 너머 마을에 있었어요. 홍도는 한달음에 재를 넘어 외갓집에 도착했어요.

외갓집 대문 안으로 들어서자, 사랑채 앞에 서 계시는 외할아버

◀ 김홍도, 〈서당〉, 단원풍속화첩 중에서,
국립중앙박물관 소장.

지의 모습이 보였습니다.

"할아버지!"

홍도의 목소리에 외할아버지는 반가운 얼굴로 달려오셨어요.

"우리 홍도가 왔구나. 배고프지? 우선 밥부터 먹으렴."

외할아버지는 홍도의 손을 꼭 쥐고 안채로 들어갔습니다.

잠시 후 외숙모가 점심상을 푸짐하게 차려 왔습니다.

외할아버지 댁은 땅이 굉장히 많은 부자였어요. 외할아버지는 도화서*의 화원* 출신 화가였고, 외삼촌도 그 뒤를 이어 화원에 나가면서 사람들에게 그림을 가르치고 있었어요.

참으로 오랜만에 먹어 보는 맛있는 반찬과 부드러운 쌀밥이었지만, 홍도는 이것이 얼마나 맛있는 줄도 모르고 먹고 있었어요. 마음이 온통 다른 곳에 쏠려 있었기 때문이지요.

'어서어서 할아버지께 이 그림을 보여 드려야 할 텐데…….'

홍도는 사랑채를 흘깃흘깃 곁눈질로 살펴보았습니다.

"네 아버지는 벌써 오셔서 사랑에 계시단다."

외숙모님의 말을 듣고 홍도는 밥 숟가락을 놓자마자 얼른 사랑채로 뛰어갔습니다.

"할아버지, 저 홍도예요."

홍도는 사랑채 섬돌 위에 올라서며 말했습니다

"홍도구나. 어서 들어오너라."

홍도는 누마루*에 올라가 방문을 열고 안으로 들어갔습니다. 방 안에는 외할아버지와 외삼촌, 그리고 아버지께서 앉아 계셨어요.

"그래, 요새 글공부는 재미있느냐? 서당에 열심히 다닌다고? 무엇보다 네 나이에는 공부에 온 힘을 쏟아야 하느니라. 물론 공부란 것은 평생 손에서 놓아서는 안 되지만, 그래도 어릴 적에 가장 많이 익히게 되는 법이란다."

외할아버지가 말했습니다.

"홍도의 그림을 한번 봐 주시지요. 홍도야, 가져온 그림을 꺼내 보아라."

아버지의 말에 홍도는 들고 온 그림을 조심스럽게 내려놓았어요.

외할아버지와 외삼촌은 홍도의 그림을 한 장씩 살펴보았어요.

"이것은 무엇을 그린 것이냐?"

외할아버지는 그 중의 한 장을 유심히 살펴보며 물었습니다.

"예, 동무들이 미역* 감는 것을 그린 것이에요."

홍도가 수줍어하며 대답했어요.

홍도의 그림에는 제대로 단련된 운필법*이 드러나지는 않았지만, 아이의 솜씨치고는 예사롭지가 않았어요.

"홍도에게 지필묵*을 내주거라. 홍도야, 오늘 네가 여기 오는 길에 보았던 것 중의 하나를 그려 보거라."

외할아버지가 말했습니다.

"급할 것 없으니 네 생각대로 천천히 그리면 된단다."

외삼촌은 지필묵을 내주며 커다란 종이를 절반으로 접은 뒤 홍도 앞에 펼쳐 놓으며 말했습니다.

홍도는 젖은 붓을 받아 들고 잠시 생각에 잠겼어요. 그리고는 고개 위에서 내려다보이던 외갓집의 풍경을 머릿속에 그려 보았어요.

▲ 섬돌
오르내리게 된 돌층계. 댓돌.

*누마루
다락처럼 높게 만든 마루.

*미역
냇가나 강물에 몸을 담그고 씻거나 노는 것

*운필법
그림을 그리거나 글을 쓰기 위해 붓을 사용하는 방법.

*지필묵
조선 시대 화가들이 사용한 도구는 종이와 붓과 먹이 있어요. 이것을 합쳐서 지필묵이라고 하지요.

이윽고 홍도는 들고 있던 붓에 옅은 먹을 적셔 가까운 경치부터 그려 나가기 시작했습니다. 그리고 학이 앉아 있는 소나무 숲과, 저 멀리 넓게 펼쳐진 하늘을 그렸어요. 학이 훨훨 날아 산등성이를 넘는 모습도 빠뜨리지 않았고요.

홍도가 그림을 그리는 동안 어른들은 연신 고개를 끄덕이며 서로 눈짓을 주고받았습니다.

"음, 이건 뒷산에서 내려다보이는 우리 집을 그린 것이로구나. 솔숲에 깃든 학까지……. 이제 되었으니 홍도 넌 그만 나가서 놀아라. 네 아버지와 할 이야기가 좀 있단다."

외할아버지가 말했어요.

"그럼, 전 나가 있을게요. 아버지, 가실 때 절 부르셔요."

홍도는 사랑방에서 물러나왔습니다.

어른들은 홍도가 그린 그림을 돌려 보면서 연신 감탄했어요.

"홍도의 재주가 보통이 아닐세. 이건 하늘이 내린 신기*야. 이 대나무 그림만 해도 그렇지 않은가? 다른 사람의 그림을 보고 베껴 그렸다고 해도 이렇게 그럴듯할 수는 없는데, 하물며 이건 그냥 제 손으로, 머릿속에 떠오르는 대로 그린 것이 아닌가."

외할아버지가 기쁨을 감추지 못하고 홍도의 아버지에게 한마디 했습니다.

"김 서방, 자네 자식은 봉황일세. 군계일학*이 아니라 군학일봉*이야. 얘가 우리 장씨 문중에서 났더라면 내 당장 그림 공부를 시키겠네. 이 아이는 장담하건대, 머지않아 많은 사람들이 우러러보는 화가가 될 게야. 하지만 홍도에게 그림을 가르치느냐 마느냐는 자네 결정에 달린 거니까 알아서 하시게. 나는 다만 홍도의 재주가 아까워서 하는 말일세."

홍도의 증조할아버지는 만호라는 낮은 무관 벼슬을 지냈습니다.

*신기
신기할 정도로 매우 뛰어난 재주.

*군계일학
닭의 무리 속에 있는 한 마리의 학. 즉, 평범한 여러 사람 가운데 뛰어난 한 사람을 일컫는 말이에요.

*군학일봉
학의 무리 속에 있는 한 마리의 봉황. 여기서는 군계일학보다 더 뛰어나다는 의미로 쓰였어요.

홍도의 아버지 김석무는 아무 벼슬도 하지 못했어요. 조선 시대에 벼슬을 하지 못한 대부분의 사람들이 그렇듯이 홍도네 집도 가난한 생활을 했지요.

그러나 홍도의 아버지는 홍도가 과거 시험을 보아서 벼슬길에 오르기를 내심 바랐어요. 자신처럼 가난하게 살지 않기를 바랐던 거지요. 당시에 그림 그리는 화가는 중인 신분으로서 사회적으로 낮은 대우를 받았고, 더욱이 중인이 벼슬을 하기란 쉽지 않았지요.

외할아버지의 설득에 이어서 외삼촌도 한마디 거들었어요.
"이제 세상이 위세나 권력의 도움 없이는 출세가 어려운 지경 아닙니까? 조카의 그림 재주가 뛰어나니 그것으로 빛을 보도록 제가 힘 닿는 데까지 거들어 보겠습니다."
아버지는 한참 동안 깊은 생각에 잠겨 있다가 외삼촌을 보며 입을 열었습니다.
"다른 생각이 있어서는 아닐세. 이렇게 어수선한 세상에 홍도가 그림으로나마 제 이름을 떨쳐서 성은*을 입는 영광까지 누린다면 더 바랄 것이 뭐가 있겠는가? 내가 그림을 깊이 알지 못하고, 또 홍도의 재주가 그토록 대단한 줄 몰라 그랬던 거지. 다만, 뒷날 제게 천한 기술을 익히게 하여 제 앞길을 망치게 하였다고 원망이나 안 할지 그것이 두려울 뿐이네. 그러나 장인어른과 자네가 이리도 간곡히 말씀하시니 내 조금은 안심이 되는군. 제가 좋아서 밤낮을 가리지 않고 하는 일이니, 후회할 때 하더라도 자기 팔자요 운수라고 생각할 수밖에……."
아버지는 외할아버지를 바라보며 간곡히 말했어요.
"장인어른과 처남에게 홍도의 앞날을 맡기겠습니다. 자주 꾸짖으며 엄하게 가르쳐 주십시오."
"매형, 홍도가 여기 머물며 그림을 배우도록 해 주세요. 제가 힘

껏 가르쳐 보겠습니다. 이 정도 재능이면 앞으로 도화서 화원 되는 일쯤은 손바닥 뒤집기일 것입니다."

외삼촌이 기대에 찬 목소리로 말했어요.

"내가 외손자로 그림의 대를 잇게 되는구나. 지금 죽어도 아무런 여한이 없다."

외할아버지는 기뻐서 어쩔 줄을 몰라 했어요.

"홍도가 여기 머물면서 그림을 배우도록 해 주게. 오늘은 술이나 한잔 나눌까? 이렇게 경사스러운 날 술 한 잔 안 할 수가 있나."

스승 강세황과 김응환을 만나다

▲ 강세황(1712~1791)의 자화상.
조선 후기 문신·서화가. 자는 표암. 61세에
처음으로 벼슬에 올라 한성부 판윤, 호조·
병조 참판을 지냈어요.
시와 글씨, 그림에 뛰어났고, 김홍도, 신위
등의 제자를 키웠습니다. 서양의 원근법을
배워 그것을 그림에 적용한 〈영통동구〉가
그의 대표작이지요.

김홍도는 그 후부터 외갓집에서 열심히 그림 공부를 했어요.

그 무렵 스승 표암 강세황 선생을 만난 것은 김홍도에게 크나큰
행운이었어요. 김홍도는 그동안 그린 그림들을 가지고 집안 어른들
과 함께 당대의 유명한 문인이었던 강세황 선생에게 찾아갔어요.

"오, 어린아이가 그림 그리는 솜씨가 보통이 아니구나. 부지런히
실력을 쌓으면 장차 이 나라의 큰 봉우리가 될 것이 틀림없어. 내
앞으로 너를 죽 지켜볼 테니 열심히 노력하여 네 재주를 마음껏
펼쳐 보거라."

하늘 같은 표암 선생의 입에서 칭찬이 쏟아지자 김홍도는 몸둘
바를 몰라 했어요. 이때부터 김홍도는 강세황의 밑에서 글과 그림

을 배우며 기초를 탄탄히 다졌답니다.

이렇게 어린 시절부터 강세황에게 많은 것을 보고 들은 김홍도는 커서도 그를 통해 다양한 분야의 재능 있는 사람들을 만나며 학식과 교양을 쌓을 수 있었어요.

강세황은 화가들의 그림을 보고 마음에 들면 그림 제목을 달아 주거나 감상문을 써 주곤 했는데, 안목이 누구보다 뛰어났어요. 그는 당시 미술계를 이끌어 가는 최고의 화가였답니다. 화가들은 자신의 그림에 대해 강세황의 평가를 한 번만이라도 듣는 것을 큰 영광으로 여겼지요.

강세황은 영조 때 기로과*에 장원 급제해서 예조 참판을 지낸 분으로, 글과 그림에 두루 능숙한 문인화의 대가였어요. 그는 당시 미술계를 이끌어 가는 우두머리로 선비와 화가들의 존경을 한몸에 받는 분이었지요.

강세황은 김홍도와 나이 차이가 서른두 살이나 났지만, 죽을 때까지 김홍도와 형과 동생처럼 친하게 지냈답니다.

그림 공부를 시작한 지 몇 해가 흘렀습니다.

김홍도는 가끔 재 너머 집에 다녀오는 시간을 빼고는 그림 그리는 일에만 매달려 있었어요.

이제 그는 누가 봐도 그림을 썩 잘 그리는 젊은 화가가 되었습니다. 함께 그림을 익히는 이들은, 김홍도가 장씨 집안에서 그림 배우는 사람들 중 가장 빼어난 화가라는 것을 인정했습니다.

어느덧 나이가 찬 홍도는 다른 사람들처럼 어여쁜 색시와 결혼하여 상투를 튼 장부가 되었답니다.

하지만 한 집안의 가장*이 된 뒤에도 김홍도는 그림을 그리는 일 외엔 도통 아무 관심도 없었어요.

"복헌에게 자네를 보일 기회가 있어야 할 텐데, 지금은 도화서 일

* 기로과
60세가 넘는 선비만 보던 과거.

* 가장
한 가족의 생활을 맡아 다스리는 사람.

이 너무 바빠 그 어른이 틈을 못 내시니 딱하군. 봄이 지나면 조금 여유가 생길 테니 그때 찾아가 뵙도록 하세. 복헌은 아직 젊지만 그림 솜씨가 매우 뛰어나서 도화서에서도 크게 인정을 받고 있는 분일세. 자네 그림을 보면 틀림없이 좋아하실 게야.”

외삼촌은 틈만 나면 복헌이라는 화원의 이야기를 해 주었어요.

복헌은 김응환*의 호였어요. 김응환은 궁궐에서 쓰는 그림을 그리는 도화서의 유명한 화원이었어요. 김홍도도 그 이름은 진작부터 들어 알고 있었지요. 물론 산수화는 아무도 당할 사람이 없다는 것까지도요.

어느 날 저녁 무렵이었습니다.

날이 저물어 도화서에서 돌아온 외삼촌은 김홍도에게 다짜고짜 이렇게 말했어요.

“지금 복헌의 집으로 갈 것이니 자네 그림을 몇 점 추리게. 복헌

▼ 강세황, 〈영통동구〉,
국립중앙박물관 소장.

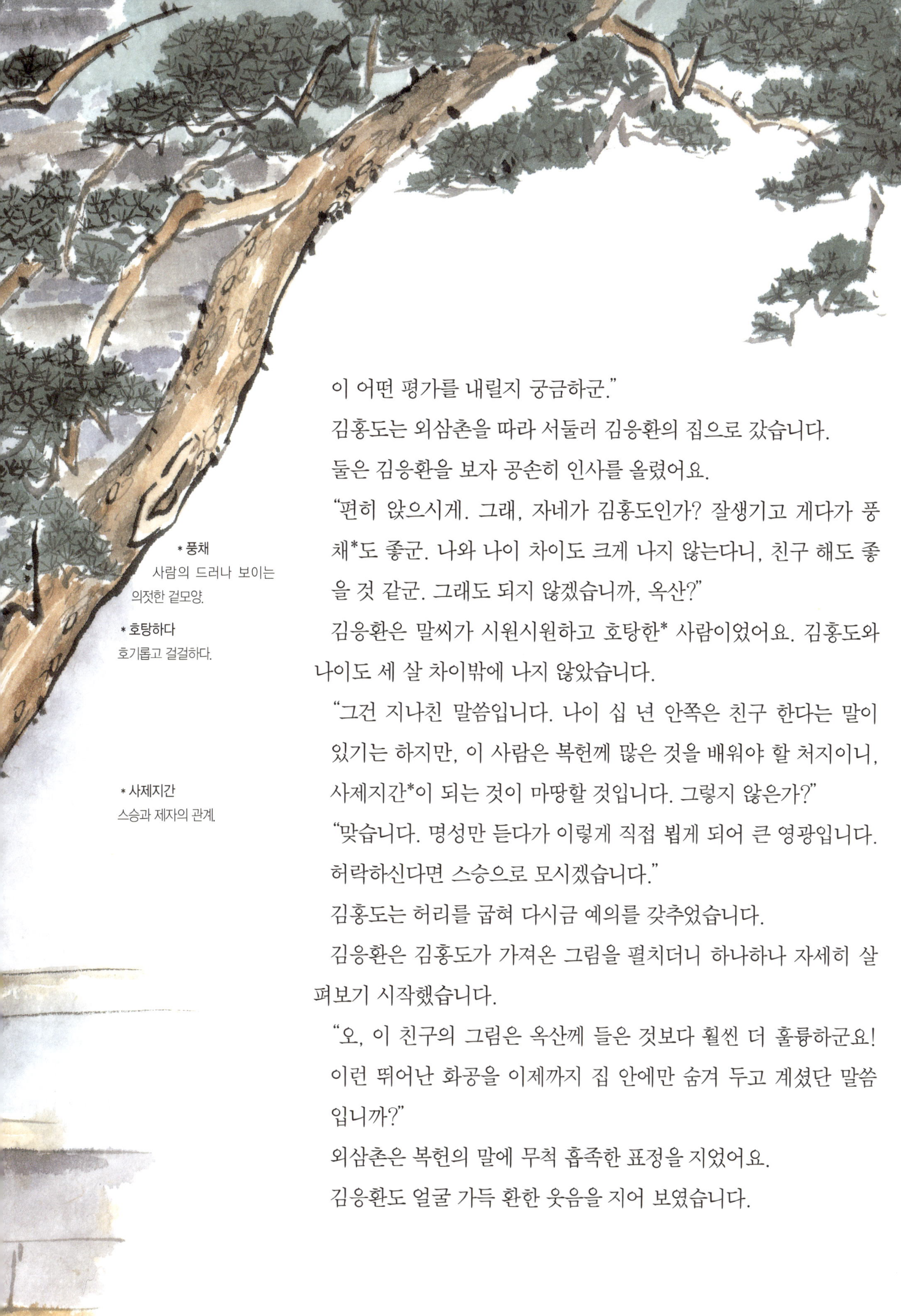

이 어떤 평가를 내릴지 궁금하군."

김홍도는 외삼촌을 따라 서둘러 김응환의 집으로 갔습니다.

둘은 김응환을 보자 공손히 인사를 올렸어요.

"편히 앉으시게. 그래, 자네가 김홍도인가? 잘생기고 게다가 풍채*도 좋군. 나와 나이 차이도 크게 나지 않는다니, 친구 해도 좋을 것 같군. 그래도 되지 않겠습니까, 옥산?"

김응환은 말씨가 시원시원하고 호탕한* 사람이었어요. 김홍도와 나이도 세 살 차이밖에 나지 않았습니다.

"그건 지나친 말씀입니다. 나이 십 년 안쪽은 친구 한다는 말이 있기는 하지만, 이 사람은 복헌께 많은 것을 배워야 할 처지이니, 사제지간*이 되는 것이 마땅할 것입니다. 그렇지 않은가?"

"맞습니다. 명성만 듣다가 이렇게 직접 뵙게 되어 큰 영광입니다. 허락하신다면 스승으로 모시겠습니다."

김홍도는 허리를 굽혀 다시금 예의를 갖추었습니다.

김응환은 김홍도가 가져온 그림을 펼치더니 하나하나 자세히 살펴보기 시작했습니다.

"오, 이 친구의 그림은 옥산께 들은 것보다 훨씬 더 훌륭하군요! 이런 뛰어난 화공을 이제까지 집 안에만 숨겨 두고 계셨단 말씀입니까?"

외삼촌은 복헌의 말에 무척 흡족한 표정을 지었어요.

김응환도 얼굴 가득 환한 웃음을 지어 보였습니다.

*풍채
사람의 드러나 보이는
의젓한 겉모양.

*호탕하다
호기롭고 걸걸하다.

*사제지간
스승과 제자의 관계.

도화서에 들어간 김홍도

　도화서는 오늘날의 국립미술연구원이라고 할 수 있는 관청이었어요. 조선 시대의 이름 있는 화가들은 거의 다 도화서 출신이었답니다. 도화서에서는 나라에 필요한 그림을 그리는 한편, 재주 있는 사람들을 뽑아서 그림을 가르치는 일도 했지요.

　김홍도는 비단에 그린 그림을 가지고 강세황을 찾아갔어요. 도화서 화원들을 소개받기로 한 날이었기 때문이에요.

　도화서의 여러 화원들은 이미 모여 김홍도를 기다리고 있었어요.

강세황은 먼저 김홍도를 소개한 뒤 비단에 그린 그림을 화원들에게 보여 주었어요. 그림을 본 화원들은 모두들 찬사를 아끼지 않았습니다.

김홍도는 마침내 도화서의 화원이 되었어요. 당연히 치러야 할 취재*도 거치지 않고 강세황의 추천만으로 도화서에 들어가게 된 것이랍니다.

강세황은 집안이 편안해야 그림에 몰두할 수 있다며, 김홍도의 집에 먹을 것과 입을 것을 넉넉하게 보내 주며 살뜰히 마음을 써 주었답니다.

"김홍도라는 화가가 새로 들어왔다는군."

"외가가 장 화원 댁이래."

"표암 어른이 나라를 빛낼 재주라고 경탄을 하시더라네. 우리도 한번 보세, 도대체 얼마나 대단한 솜씨이기에 그러는지."

"강세황 어른의 눈에 들었다면 보나마나 아닌가?"

"김홍도가 표암 어른의 명으로 신선*을 그리고 있다고 하니 구경이나 하러 가세. 그림이 마치 살아 움직이는 듯해서 구경꾼들이 벌써부터 몰려들고 있다네."

도화서는 김홍도에 대한 이야기로 몹시 소란스러웠어요. 그 중에는 시샘하는 사람들도 많았지요.

그러나 김홍도는 자기보다 나이가 위인 사람들에게는 늘 예의 바르고 공손했답니다. 더구나 자신의 재주를 믿고 버릇없이 함부로 구는 일은 절대로 없었지요.

김홍도의 그림은 이제 완전히 틀이 잡혀 갔습니다. 그가 특히 잘 그리는 것은 인물화였어요. 사람을 살아 있는 것처럼 그리는 데는 그를 당할 사람이 없었지요. 김홍도를 시기하던 몇몇 사람들조차 초상화만큼은 신기에 가깝다며 칭찬을 아끼지 않을 정도였답니다.

강세황은 김홍도가 그림 그리는 모습을 보고 싶어 도화서에 자주

*취재
조선 시대의 하급 관리 등용 제도로, 재주를 시험하여 뽑아 쓰는 것을 말해요.

*신선
선도를 닦아 신통력을 얻은 사람. 속세를 떠난 깨끗한 곳에서 늙지 않고 고통도 없이 산다는 상상의 사람이지요.

▲ 김응환, 〈금강전도〉, 개인 소장.
그림의 오른쪽 위에 적힌 글로 보아 1772년 김응환이 만 30세 되던 해에 정선의 〈금강전도〉를 모방해서 후배 화원인 김홍도에게 그려 준 것임을 알 수 있어요.

* 너스레
수다스럽게 떠벌려 늘어놓는 말.

* 기암괴석
기묘하게 생긴 바위와 괴상하게 생긴 돌.

▲ 정선, 〈금강전도〉, 호암미술관 소장.

들렸습니다. 그때마다 따끔한 충고도 잊지 않고 해 주었지요.

임금의 명을 받아 금강산을 그리고 돌아온 김응환이 김홍도를 불렀습니다.

"오랜만일세. 요새는 얼굴 보기가 여간 어렵지 않네그려."

"스승님께서 떠나실 때 뵙고 처음이니 오랜만이지요. 그간 겨를이 없지 않았습니까? 스승님을 몇 차례나 뵈려 했지만, 늘 자리에 계시지 않았습니다."

"그랬던가? 그러고 보니 내가 나쁜 사람인 셈일세, 허허허. 자네, 이것이나 한번 보아 주게."

김홍도의 말에 김응환은 껄껄 웃으며 너스레*를 떨고는 그림 한 폭을 꺼내어 펼쳤습니다. 금강산을 한눈에 볼 수 있게 그린 〈금강전도〉였어요.

수많은 기암괴석*들이 모두 한 가지에서 뻗어난 듯이 아름답게 배치되어 있는 그림이었어요.

"이것은 멀리서 본 금강산인 듯합니다만……."

김홍도가 감탄하며 말했습니다.

"잘 보았네. 세상에 둘도 없는 금강산인데, 아쉽게도 실제로는 한눈에 보이질 않지. 그래서 먼 거리에서 보았던 것을 두루 종합해 넣은 거지. 이것은 만폭동, 이것은 선녀봉……."

김응환이 신이 나서 설명하자, 김홍도는 마치 금강산을 실제로 보는 듯한 착각에 빠졌습니다.

"스승님, 정말 훌륭한 그림입니다. 전하께서 보시면 직접 가서 보고 싶은 생각이 다 없어지겠습니다. 저도 언제 한번 금강산을 보았으면 싶은 생각이 듭니다."

김홍도가 말했습니다.

"예끼, 이 사람! 방금 안 가 보아도 좋을 거라더니, 그새 가고 싶어진다는 건가?"

"그게 아니라⋯⋯."

김홍도와 김응환은 함께 큰 소리로 웃었습니다.

"어쨌든, 자네 마음에 든다니 다행일세. 사실 이 그림은 자네에게 주려고 내가 따로 그린 거라네."

김홍도는 김응환에게 〈금강전도〉를 선물 받게 되어 너무도 영광스럽고 뿌듯했답니다.

김홍도는 그 무렵, 늘 듣는 것이 칭찬이고 감탄일 정도로 그림이 더욱 훌륭해졌습니다. 도화서에 들어와 사귄 훌륭한 화원들은 그가 그림 그리는 일을 더욱 기쁘고 보람 있게 느끼게 해 주었지요. 그런데도 김응환 앞에서는 늘 주눅*이 들곤 했답니다.

▲ 정선, 〈금강내산도〉, 간송미술관 소장. 겸재 정선은 조선 후기 산수화 화풍의 새로운 경지를 개척했어요. 그의 새로운 화풍을 '진경산수화'라고 해요. 먹선의 움직임에 힘이 있고 사물을 과감하게 단순화한 붓처리가 특징이에요.

*주눅
기가 죽어 움츠러드는 일.

소금 장수 김한태

어느 날, 김홍도는 도화서를 향해 천천히 걷고 있었어요.

가을 햇살이 내리쬐는 길가에는 감나무며 버드나무들이 잔가지를 살랑살랑 흔들고 있었지요. 물소리도 한결 맑게 들렸어요.

거리에는 술에 취해서 비틀거리며 헤매는 사람들도 더러 눈에 띄었어요. 이미 양반과 평민의 구분이 꽤 흐려진 때여서 평민들이 선비 차림으로 양반 행세를 하는 경우도 많았습니다.

서민 중에서도 돈을 많이 벌어 권력을 행사하는 사람들도 많아졌답니다. 돈만 있으면 족보*를 멋대로 바꾸고, 법을 어기고, 크고 호화로운 집을 짓고 살면서 거드름을 피우기도 했어요.

도화서에 도착한 김홍도는 뒤뜰에 앉아 잠시 바람을 쐬고 있었어요. 그때 한 사내가 병풍을 들고 다가오며 말을 걸었어요.

"저어……, 도화서에 계시는 화원이신지요?"

"그렇습니다만, 누구십니까?"

"저는 서문 밖에 사는 김한태라는 소금 장수이옵니다. 이 병풍에다 그림을 좀 그려 주실 수 없는지요? 사례*는 섭섭지 않게 해 드립지요. 며칠 있으면 제 홀어머니의 환갑*인데, 장사치로 살다 보니 집안에 제대로 된 병풍 하나도 갖추지 못했답니다. 먹는 잔치로만 환갑을 하자니 남들 보기도 부끄럽고 해서 이렇게 염치없는 부탁을 드리는 것이옵니다."

김한태는 아주 정중하고 간절하게 부탁했습니다.

김홍도는 그가 어머니를 생각하는 극진한 효성이 마음에 들었어

요. 또 그 부탁이 하도 간곡하여 차마 거절할 수가 없었답니다.

"그럼, 제가 한번 그려 보도록 할 터이니 며칠 뒤에 다시 들러 주
십시오. 요즘은 십장생*에 화조*를 곁들인 그림으로 잔치 병풍을
만드는 것이 유행이니 그렇게 그리면 되겠지요?"

"저야 뭐 아는 것이 있나요. 화원께서 알아서 그려만 주십쇼."

김한태는 찾으러 올 날짜까지 약속한 뒤 곧 돌아갔습니다.

김홍도는 그의 효성을 생각하며 열심히 그림을 그렸어요.

드디어 그림이 완성되었습니다.

"어디 대갓집에 가져갈 병풍인 모양이지? 훌륭한 장식 병풍이 아
닌가? 썩 좋은걸."

병풍을 본 화원들이 일제히 칭찬했습니다.

김한태는 약속한 날짜에 맞춰 김홍도를 찾아왔어요.

"오! 제 평생에 이런 그림은 처음 봅니다. 장안 제일의 부자도 이
런 병풍을 잔치에 쓰지는 못할 겁니다. 이 은혜를 어찌 갚는다지
요? 정말 고맙습니다."

병풍을 본 김한태는 기뻐서 어쩔 줄을 몰랐어요.

며칠 후, 김홍도의 집에는 온갖 것이 실려 있는 바리*가 도착했습
니다. 김한태가 보낸 것이었지요.

"그려 주신 병풍 덕택에 어머니의 환갑 잔치가 얼마나 빛났는지
모릅니다. 제 어머니께서 덩실덩실 춤을 추며 기뻐하시는 모습을
보니, 오랜만에 아들 노릇을 한 것 같아 저도 매우 기뻤습니다.
알고 보니 김 화원님께서는 크게 이름을 떨치고 계신 분이시더군
요. 이거, 작지만 제 성의로 생각하시고 받아 주십시오."

"무슨 말씀이십니까? 저는 아직 그림 공부를 하는 사람에 지나지
않습니다. 그보다도 김 공의 그 효심이 놀랍습니다. 저는 부끄럽
게도 늙으신 어버이께 옷 한 벌 제대로 지어 드리지 못하고 사는
불효자인걸요. 그리고 이 물건들은 그림 값치고는 너무 분에 넘

치는 것 같으니 되돌려 드리는 게 도리일 것 같습니다."

"아닙니다. 저는 소금 장사로 재물은 제법 넉넉히 모았습니다. 오히려 이 보잘것없는 물건들이 실례나 되지 않는다면 다행이겠습니다. 그리고…… 제 말에 화원님께서 화를 내지 않으시면 좋겠습니다."

"무슨 말씀이십니까? 얘기해 보세요."

"다름이 아니고, 저는 장사하느라 전국 방방곡곡을 돌아다니면서 사귄 친구들이 꽤 있습니다. 그들은 모두 돈은 있지만 집 안에 고운 그림 한 폭 걸어 두고 생활할 줄을 모릅니다. 재산 있는 사람들이 예술에 관심을 가지게 되면 좋으련만……."

김한태는 잠시 김홍도의 얼굴을 살핀 뒤 계속 말을 이어갔어요.

"화원님께서 허락하신다면 제가 그림을 가져다 그들에게 나누어 주고, 대신 화원님의 생활을 돕도록 힘써 보고 싶습니다. 부디 허락해 주십시오."

김한태의 말이 끝나자 김홍도는 잠시 깊은 생각에 잠겼어요. 문득 그의 마음 씀씀이가 매우 고마웠어요.

그의 말대로 이제 세상이 많이 달라져서 화원들 중엔 그림을 팔아서 생활하는 사람도 더러 있었지요. 그러다 보니 그림을 사는 사람들이 원하는 대로 그려 주는 경우가 많았답니다.

김홍도는 그것이 마땅치는 않았지만, 가난으로 고생하는 부모와 아내, 자식을 생각하지 않을 수 없었기 때문에 승낙했어요.

김한태는 그 뒤로 김홍도의 생활을 도와주면서 가끔 그림을 받아 갔어요. 그는 장사꾼이지만 양반 선비들보다 더 신의*가 깊은 사람이었어요. 김홍도는 김한태 덕분에 먹고사는 생활에 대한 걱정을 크게 덜 수 있었지요.

*신의
믿음과 의리.

화원이 되어 임금의 초상을 그리다

김홍도가 스물여덟 살이 되던 해 겨울이었어요.

사흘 동안 쏟아진 큰눈으로 대궐 안은 온통 하얀 눈세상이 되었어요. 흰 담요를 덮은 듯한 고요한 풍경은 흰눈이 포슬포슬 내려앉은 나무들과 조화를 이루어 마치 한 폭의 그림처럼 아름다웠지요.

도화서에 들어온 뒤로 대궐에서 쓰일 그림을 그리느라 바빠 자신이 좋아하는 그림을 그릴 겨를이 없었던 김홍도는 모처럼 여유 있게 눈 내리는 풍경을 바라보며 화폭에 담고 있었어요. 그때 누군가가 다가와 김홍도의 어깨에 가볍게 손을 얹었어요.

'이인문*이 왔나?'

이인문은 김홍도가 도화서에 들어온 뒤 친해진 친구였어요. 김홍도는 얼른 뒤돌아보았어요.

* 이인문(1745~1821)

조선 후기의 화가로 자는 문욱, 호는 유춘이에요. 도화서의 화원으로 김홍도와 쌍벽을 이루어 조선 후기의 화단을 이끌었습니다. 대표작으로는 〈강산무진도〉, 〈송하담소도〉 등이 있지요.

뜻밖에도 거기엔 스승 강세황이 서 있었어요. 김홍도는 붓을 놓
은 뒤 서둘러 일어나 허리를 굽혀 공손히 인사를 드렸어요.

"죄송합니다. 스승님께서 오신 줄도 모르고……. 그간 안녕하셨
는지요?"

"설경*이 무척 아름답군. 내가 그림의 제목을 써 주지. '소나무
아래에서 노인이 눈송이를 바라보다.' 어떤가?"

"감사합니다, 스승님. 더없는 영광입니다."

"그건 그렇고, 자네가 왕세손*의 초상을 그리는 어용 화사*의 후
보로 지명되었다네. 내, 그 말을 전하려고 온 것일세."

"네? 그게 정말입니까?"

강세황은 놀란 김홍도를 바라보며 빙그레 웃었어요.

"그럼 내가 자네에게 거짓말을 하겠나?"

"이 모두가 스승님의 은혜입니다."

김홍도는 강세황의 깊은 애정에 진심으로 감사했어요.

"무슨 당치 않은 말인가. 다 출중한* 자네의 재주 덕일세."

영조는 그 해 정월에 도감을 따로 만들어 왕세손의 초상을 그리도록 하고, 자신의 초상도 다시 그리도록 했어요.

함께 그릴 사람들은 변상벽, 신한평 등 당대의 제일가는 화가들이었지요. 김홍도는 그들과 어깨를 겨루게 된 것이 얼마나 자랑스러운지 몰랐답니다.

그때 왕세손은 갓 스물이 넘었는데, 영조의 아들인 장헌세자*의 둘째 아들이었어요. 그가 바로 아버지 장헌세자가 죽은 후 왕세손으로 책봉되어 뒷날 임금이 된 정조였답니다.

동궁*에는 왕세손의 초상을 그릴 채비가 벌써 다 되어 있었어요. 여섯 사람의 화사들이 주욱 둘러서서 왕세손이 자리에 앉기를 기다렸습니다. 왕세손이 궁녀들의 안내를 받으며 들어왔어요.

"이렇게 훌륭한 화사들을 보게 되어 참으로 반갑소. 자, 어려워하지 말고 편한 마음으로 그리도록 하시오. 표암은 일이 끝나도록 함께 있어 주시오."

반나절이 지나서야 초상의 밑그림을 모두 마칠 수 있었습니다. 화가들은 동궁을 나온 뒤 각자 헤어져 마지막 손질을 한 뒤 다시 동궁에 들어갔습니다.

어느 그림이 가장 잘 되었는지 가리기는 어려웠지만, 김홍도가 보기엔 자신의 그림이 그 중에서 제일 못 그린 것 같아 내심 부끄러웠어요.

왕세손과 강세황은 여섯 명이 그린 그림을 차근차근 살펴보았습니다.

"내가 보기엔 변상벽*의 그림이 제일 좋은 것 같은데, 표암이 보기엔 어떻소?"

"바로 보셨습니다. 제 생각에도 그것을 정본*으로 삼는 것이 좋을 듯하옵니다."

▲ 변상벽, 〈묘작도〉,
국립중앙박물관 소장.

* 격조
내용과 구성의 조화로 이루어지는 예술적
인 품위.

* 용안
임금의 얼굴을 높여 부르는 말.

* 사포서
조선 시대에 궁중의 채소밭이나 뒤란, 채소
따위에 관한 일을 맡아보던 관아.

"변 화원은 고양이만 잘 그리는 줄 알았더니, 사람 얼굴 그리는
재주도 대단하오. 내 얼굴이 마치 입을 열어 말을 할 것처럼 생생
하지 않소?"

변상벽은 동물을 잘 그리는 화가로 유명한 사람이었어요. 특히
고양이와 닭 그림은 실제 고양이와 닭을 보고 있는 듯한 착각까지
들 정도였지요. 그래서 변상벽을 변계나 변고양이라고 부르는 사람
도 있을 정도였답니다.

김홍도는 변상벽의 그림이 궐 안에 쓰일 정본이 된 것을 무척 부
러워했어요.

'내가 늘 칭찬을 듣고 살았지만, 변상벽의 재주에는 미치지를 못
하는구나. 앞으로 더욱 열심히 노력해서 그를 뛰어넘는 그림을
그리고 말 거야.'

김홍도는 이렇게 속으로 단단히 결심했답니다.

강세황은 김홍도에게 이렇게 말해 주었습니다.

"변상벽의 그림은 실제와 너무도 비슷해서 그림 속의 모든 것이
마치 살아 움직이는 것 같지 않은가? 변상벽은 당대 제일의 화가
가 틀림없지. 그러나 그것만으로는 모자람이 있네. 그림은 모름
지기 격조*가 있어야 하는 법이야. 용안*을 그릴 때 무조건 똑같
이만 그리는 것이 좋은 것은 아닐세. 그림 속에 그 사람의 인품과
속마음까지도 담아 내야 하는 것이지. 곧 전하의 초상도 그리게
될 것이네. 그때에도 성의를 다하도록 하게. 틀림없이 좋은 결과
가 있을 것이야."

김홍도는 여러 화가들과 함께 또다시 영조의 초상화를 그리는 일
에 뽑혔어요. 그는 스승님의 말을 가슴에 새겨 두고 성의를 다해 임
금의 얼굴을 그렸어요. 그러자 놀랍게도 이번엔 김홍도의 그림이
선택되었어요.

그 상으로 김홍도는 사포서*에서 감독관으로 지내게 되었답니다.

그는 날아갈 듯이 기뻤어요. 왜냐하면 스승 강세황과 함께 있게 되었기 때문이지요.

김홍도는 강세황과 같이 일하게 되었지만, 늘 상관이 아니라 스승으로 모시고 존경했어요. 강세황은 그런 겸손하고 예의 바른 김홍도를 더욱 아껴 주었지요.

어느 날, 강세황은 김홍도를 감목관이라는 벼슬자리에 추천했어요. 전국의 목장에서 기르는 군사용 말을 돌아보며 감독하는 자리였어요.

'어쩌면 스승님께서 자연을 많이 감상하고 좋은 그림을 그리라고 나에게 이런 직책을 맡겼는지도 몰라.'

김홍도는 여러 지역을 돌아다니며 감목관 일을 열심히 했어요. 그리고 일을 하는 틈틈이 산천을 구경하고 자연을 즐기는 것도 무척 즐거웠어요.

김홍도는 감목관 일을 하면서도 궁궐에서 그에게 틈틈이 그림을 맡겼기 때문에 시간에 쫓겨 늘 바빴습니다.

그 무렵, 김홍도가 그린 그림 중에 〈신선도〉라는 것이 있습니다. 〈신선도〉는 격조 있는 화풍으로 잘 그려져 있지만, 아직 김홍도의 특징이 오롯이 담겨 있진 않았어요.

▼ 김홍도, 〈군선도병〉, 호암미술관 소장. 그림에 등장하는 19명의 신선들은 크게 세 무리로 나뉘어져 화면 왼쪽을 향해 나아가고 있어요. 바람에 날리는 옷자락을 활달하고 거침없이 묘사한 필치와 생동감 있는 인물 표현에서 신선도에 대한 단원의 확실한 자신감을 느낄 수 있어요. 국보 제139호.

영조가 세상을 떠나고 왕세손이었던 정조가 임금이 되었어요.

이제 궁궐과 양반들 사이에 김홍도를 모르는 사람이 없었습니다. 학문이 높은 학자나 사대부들이 모이는 자리에 자주 참석하게 된 것도, 김홍도를 아끼는 강세황의 배려 덕분이었어요.

그 무렵, 김홍도는 스스로 단원이란 호를 지었습니다. 원래 단원이란 중국 명나라의 유명한 문인 화가 이유방*의 호였어요. 김홍도가 존경했던 그의 호를 따서 자신도 단원이란 호를 붙이게 된 것이지요.

정조가 임금이 된 지 5년이 되던 여름날, 강세황에게 조선 최고의

* 이유방(1575~1629)
중국 명나라 말기의 문인 화가로, 자는 장형, 호는 단원이에요. 평생을 시서화에 몰두한 그의 글은 사림에서 최고로 평가되고 있어요. 김홍도는 이유방의 고상한 인품을 사모하여 그의 호를 그대로 가져와 자신의 호로 사용했답니다.

▲ 김홍도, 〈조어산수도〉, 호암미술관 소장.
병진년화첩 중의 한 폭. 산속 개울가에 앉아
자연의 일부가 된 듯 조용히 낚시를 하고 있는
두 사람의 모습이에요. 한 사람이 삿갓 쓴 사
람을 향해 미소를 지으며 무엇인가 이야기를
나누고 있는데, 그들 사이에 오가는 친밀한 감
정이 화면 전체에서 느껴집니다.

화가 셋을 궁궐로 부르라는 명령이 떨어졌어요.

강세황은 한종유, 신한평, 김홍도 세 사람을 추천했어요.

그때 강세황은 예순아홉의 나이였는데, 정조는 그를 매우 아꼈어
요. 임금의 신임과 총애가 두텁다 보니 그는 높은 벼슬에다가 예술
계에선 여전히 최고의 실력을 행사하는 사람이었어요.

정조는 그를 가까이 두고 예술에 관해 토론하기를 좋아했어요.

"이 세 사람이 당대 제일의 솜씨를 가진 화사들이란 말이오?"

정조는 종이에 적힌 세 사람의 이름을 보고 물었어요.

"예, 제가 판단하기로는 그렇습니다. 그러나 미술에 조예가 깊으

신 전하께서 다른 뜻이 있으시다면 받들겠사옵니다."

"아니오. 표암의 안목은 조선 천지에 당할 사람이 없으니 나도 따라야 하지 않겠소. 과인은 이들에게 한 번씩 모사*를 시켜 보는 것이 좋을 것 같은데, 표암의 생각은 어떻소?"

"그리 하도록 하겠사옵니다."

이렇게 해서 세 사람의 화원들은 각각 정조의 얼굴을 그리게 되었어요. 이번에는 궐 안에 모셔져 있던 예전의 초상화를 보고 그대로 옮겨 그리는 일이어서 그리 번거로울 것은 없었지요.

이 세 사람 중에서 한 사람이 정조의 새로운 초상화를 그릴 자격을 얻게 되는 것이었어요.

세 사람의 그림이 완성되어 임금 앞에 펼쳐졌습니다.

"내가 보기엔 단원의 솜씨가 가장 뛰어난 것 같소. 단원은 오래전 과인이 왕세손으로 있을 때에도 초상을 그렸던 적이 있지 않았소? 그때는 젊은 화원이 재주가 용하다 했더니, 이제는 일가*를 이룬 솜씨가 되었구려. 표암이 보기에는 어떻소?"

"제가 보기에도 그러하옵니다. 단원의 그림 솜씨가 이제 물 만난 용과 같습니다. 모두 전하의 성은을 입은 덕인 줄 아옵니다."

강세황은 허리를 굽히며 정조의 말에 동의했습니다.

"과인에게야 무슨 공이 있겠소? 어찌 되었든 단원의 것으로 결정되었으니, 다음 달쯤 날을 정하여 내 초상을 그리도록 하시오."

김홍도는 십 년 전에 품었던 꿈을 이제 이루게 된 것에 감격해 밤새 잠을 이루지 못했답니다.

김홍도는 희우정이라는 정자에 나가 초상을 그릴 준비를 마친 뒤 임금을 기다렸어요.

이윽고 대신과 시종들을 거느린 정조가 모습을 드러냈어요. 정조는 곤룡포*를 입지 않은 가벼운 차림이었어요. 김홍도는 예를 갖추

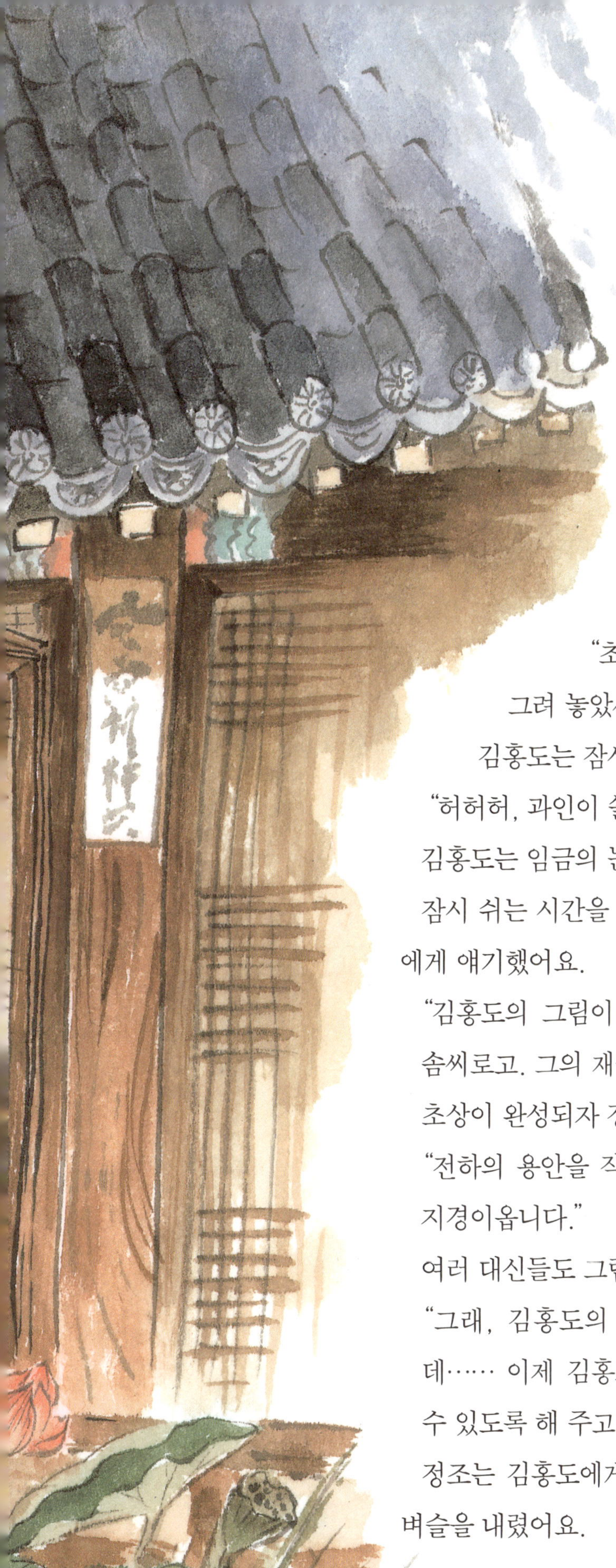

어서 절을 한 뒤 임금의 얼굴을 그리기 시작했어요.

옆에는 강세황과 김응환 등의 화원들과 대신 몇 명이 서서 지켜보고 있었어요.

"내가 이런 차림으로 있어서 혹 불편하지는 않겠소?"

정조가 작은 목소리로 물었어요. 입을 크게 열어 말하면 그림을 그리는 데 방해가 될까 봐 염려해서였지요.

"초본 그림으로 이미 전하의 곤룡포와 익선관*을 그려 놓았사오니 염려하지 마시옵소서."

김홍도는 잠시 붓을 거두며 대답했습니다.

"허허허, 과인이 쓸데없는 걱정을 한 모양이구려."

김홍도는 임금의 눈, 코, 입, 눈썹 하나하나를 정성껏 그렸어요.

잠시 쉬는 시간을 이용해 김홍도의 그림을 구경한 정조가 강세황에게 얘기했어요.

"김홍도의 그림이 무르익었다는 말이 사실이구려. 정말 빼어난 솜씨로고. 그의 재능은 하늘이 내린 것이오. 참으로 훌륭하오!"

초상이 완성되자 정조는 매우 흡족해 했어요.

"전하의 용안을 직접 뵙는 듯하옵니다. 신들이 보기에도 탄복할 지경이옵니다."

여러 대신들도 그림을 보며 모두 감탄했어요.

"그래, 김홍도의 증조부가 만호 벼슬을 한 무반이라고 하던데…… 이제 김홍도에게 새로운 벼슬을 내려 그의 가문을 살릴 수 있도록 해 주고 싶소."

정조는 김홍도에게 각 도의 역에서 말을 맡아 보는 찰방이라는 벼슬을 내렸어요.

* 익선관

임금이 평상복(곤룡포) 차림으로 정사를 볼 때 머리에 쓰던 관.

금강산을 화폭에 담다

정조 12년, 김홍도가 마흔 살이 되던 해였어요. 김홍도는 다시 임금의 부름을 받아 궁으로 들어갔습니다.

궁 안에는 김응환이 먼저 도착해 있었어요.

"스승님, 오랜만입니다. 그동안 안녕하셨습니까?"

김홍도는 김응환에게 공손히 인사했습니다.

"오, 이게 누구야. 단원이 아닌가? 나는 전하께서 부르신다기에 들어왔네만, 이제 보니 자네와 함께 부르신 게로군. 우리 두 사람을 함께 부르신 데에는 무슨 사연이 있을 게야."

두 사람은 궁금하게 생각하며 함께 임금 앞으로 나아갔습니다.

"내가 이렇게 들어오라 한 것은 두 사람에게 긴히 이를 말이 있어서요. 두 사람이 함께 금강산에 다녀와 주었으면 하오. 나라가 이

만하고 문화가 훌륭하다는 것이 이웃 나라에까지 알려져 있는 터이나, 정작 보여 줄 만한 금강산 그림이며 지역 명승*의 풍경들이 충분치 못하여 늘 마음이 허전하였소. 두 사람이 천하 제일의 금강산을 샅샅이 살피고 빠짐없이 그림으로 담아 온다면 우선 자랑거리도 되거니와, 뒷날 화사들이 금강산을 그릴 때에도 도움이 되지 않겠소? 두 사람이 함께라면 더없이 훌륭한 그림을 그려 오리라 생각되니, 부디 과인의 청을 거절치 마시오."

정조는 말을 마친 뒤 두 사람의 얼굴을 살폈어요.

"전하, 분부대로 시행하겠사옵니다."

두 사람은 똑같이 대답했습니다.

김응환은, 훌륭한 제자이기도 하지만 친동생처럼 아끼는 김홍도와 가게 된 것이 참으로 기뻤어요. 예전에 자신이 그려 준 〈금강전도〉를 받으면서 김홍도가 했던 말을 생각하니 더욱 그랬답니다.

김홍도는 꿈에 그리던 금강산을 볼 수 있게 되자 가슴이 벅차올랐어요. 게다가 그 또한 김응환과 동행하게 된 것을 더없는 영광으로 생각했지요. 지금은 두 사람 모두 찰방 벼슬에 있었지만, 김홍도에게 김응환은 여전히 스승이었습니다.

"내, 그대들이 금강산을 그리며 다닐 적에 지나게 되는 모든 군에 명을 내려서 음식과 잠자리를 마련하게 할 터이니 아무쪼록 편히 다니며 열심히 그림을 그려 주기 바라오."

두 사람은 정조의 이러한 따뜻하고 과분한* 배려에 더욱 고마움을 느꼈어요. 둘은 곧 행장*을 꾸려서 금강산으로 떠났습니다.

금강산은 계절에 따라 이름이 달랐어요.

봄이면 금강석*처럼 빛난다고 해서 금강산, 여름에는 숲이 너무도 푸르러서 산봉우리가 다가서는 것 같다고 봉래산, 단풍이 붉게 타는 가을엔 풍악산, 겨울엔 일만

*명승
경치가 뛰어나 이름난 곳

*과분하다
분수에 넘치다.

*행장
여행할 때에 쓰이는 물건

*금강석
보석의 한 가지. 탄소의 결정으로 광물 중에서 가장 단단해요. 흔히 다이아몬드라 부르지요

이천의 봉우리가 마치 뼈대를 드러내는 것 같다고 해서 개골산이라
고 불렸답니다.

'천하 명산 금강산을 내 손으로 화폭에 담게 되다니!'

김홍도는 아직도 가라앉지 않은 흥분으로 가슴이 마구 뛰었어요.
그래서 험한 산길이 조금도 고달프지 않았지요.

두 사람은 마침내 단발령에 올라섰어요. 그리고 드디어 금강산
전경을 바라보게 되었답니다. 마침 날이 맑아서, 금강산은 잘디잔
수정 덩어리를 모아 놓은 것처럼 참으로 아름다웠어요.

봉우리를 바라보던 김홍도는 계곡을 누빌 생각에 기쁜 나머지 가
슴이 쿵쾅거렸어요.

▼ 김홍도, 〈구룡폭포〉.

“자네, 절경*에 너무 취해서는 안 되네.”

김응환이 넋을 잃은 김홍도에게 가볍게 주의를 주었어요. 그림을 그리자면 자연에 너무 도취되어 감상하는 것은 좋지 않다는 충고였지요. 화가는 대상이 무엇이든 그 특징을 냉정하게 살피는 것이 첫 번째 가져야 할 태도입니다. 그렇지 않으면 사물을 정확하게 그릴 수가 없으니까요.

“산이 너무나 오묘해서 그만 정신을 놓았네요. 다음부터는 주의하겠습니다.”

김홍도가 멋쩍은 듯 웃으며 말했어요.

“하하하, 그럴 걸세. 사실은 나 역시 저 아스라한 자태에 취해 있

▼ 김홍도, 〈구룡연〉.

▲ 김홍도, 〈명경대〉.

* 부감법
하늘에서 내려다보듯이 그리는 그림 기법.

* 화첩
그림을 그리기 위해 종이를 책처럼 묶어 놓은 것

* 원
조선 시대에 고을을 다스리는 관원을 두루 일컫던 말.

는 중이라네."

김응환은 호탕하게 웃었습니다.

두 사람은 우선 금강산의 서쪽 편인 내금강으로 들어가기로 했어요. 주변의 기암들과 어우러진 명경대의 모습은 높고 깨끗했어요. 만폭동은 그 이름처럼 작은 폭포가 만 개나 되는 듯했지요.

외금강은 동쪽의 산들을 말하는데, 괴상한 형태의 돌과 산봉우리, 깎아지른 절벽, 폭포 등이 많았어요. 외금강에서 바다와 닿아 있는 곳은 해금강이라고 부르지요.

김홍도는 눈에 보이는 돌 하나, 소나무 한 그루도 놓치지 않고 열심히 그렸습니다.

'부감법*을 써서 그리면 훨씬 더 좋은 그림이 될 것 같은데……'

하지만 보이는 대로 똑같이 그려 가는 것이 그들의 임무였기 때문에 그렇게 할 수가 없었어요. 그래서 따로 화첩*을 마련해서 그림을 그리는 것이 좋겠다고 생각했어요. 그래야 원하는 대로 그릴 수 있기 때문이지요. 그렇게 해서 김홍도가 따로 그린 〈금강사군첩〉이 지금까지 전해 오고 있습니다.

내금강을 다 그린 두 사람은 통천, 고성, 삼척, 강릉을 두루 다니면서 명승 고적들을 그렸습니다. 명주 오대산과 관동 팔경은 물론이고 영동 일대를 모조리 화폭에 담은 것입니다.

그들은 이곳저곳을 다니며 아름다운 풍광들을 그린 뒤 다시 외금강으로 들어가는 길에 뜻밖의 손님을 만났습니다.

바로 스승 강세황이었어요. 김응환과 김홍도는 뜻밖의 장소에서 스승님을 만나게 되어 놀랍기도 하고 또 반갑기도 하여 좀처럼 기쁨을 감추지 못했어요.

강세황은 아들이 원*으로 있는 회양에 다니러 온 길에 잠시 금강산을 둘러보고 있던 중이었습니다.

"두 사람이 함께 다니니 조선의 도화서가 걸어 다니는 셈이로군."

◀ 정선, 〈만폭동〉, 서울대 박물관 소장.

"스승님. 이렇게 뵙게 되니 너무나 기쁩니다. 산행*이 힘들진 않 으신지요?"

"힘들어도 자네들과 함께 금강산을 구경하며 그림 그리는 모습을 꼭 보고 싶네."

두 사람은 스승을 모시고 즐거운 마음으로 더욱 열심히 금강산을 그렸어요. 그러나 얼마 안 있어 나이가 든 강세황은 힘이 들어 더 이상 두 제자와 함께 다닐 수가 없었어요.

"마음 같아선 내 끝까지 자네들과 동행하고 싶지만, 이만 회양 관 사로 돌아가야겠네."

세 사람은 아쉽지만 작별을 해야 했어요. 강세황은 산을 내려가

* 산행
산에 오르는 것

아들이 있는 회양으로 돌아갔습니다.

　스승님과의 작별에 아쉬운 마음을 뒤로한 채 두 사람은 외금강과 해금강을 누비며 더욱 부지런히 그림 그리는 일에 몰두했어요.

　외금강에서는 구룡폭포와 비룡폭포 같은 장엄한 폭포들을 온 정성을 다해 그렸어요.

　구룡폭포는 절벽이 조금 단조로운 대신 물이 길고 웅장하게 떨어져 내렸어요. 비룡폭포는 절벽의 모습이 마치 꿈틀거리며 하늘로 오르는 용의 등처럼 보였어요. 그리고 바위가 층계를 이루는 것은 용의 비늘처럼 보였지요.

　김홍도는 그런 느낌들이 그림에서도 그대로 살아나도록 세심하게 그렸어요. 그렇다고 과장해서 그리지 않도록 노력하는 것도 잊지 않았고요.

　금강산 그림을 모두 그린 김응환과 김홍도는 지칠 대로 지쳐 있었어요. 그들은 회양에 있는 강세황을 찾아갔습니다.

　"우리가 헤어진 지 벌써 열흘이 지났군. 고생 많았네. 복헌은 얼굴이 많이 상했어. 이제 좀 편히 쉬게나."

　"금강산에 너무 도취해서 그럴 겁니다. 저희들이 그린 그림이나 좀 보아 주십시오."

　두 사람은 백 장이 넘는 금강산 그림을 스승에게 보여 주었어요.

　"역시 두 사람의 솜씨는 한결같이 훌륭해. 신필*일세. 그림 속에서 금방 산신이라도 걸어 나올 것 같네, 허허허."

　며칠 뒤 두 사람은 강세황과 작별한 뒤 한양으로 향했습니다.

* 신필
아주 뛰어난 글씨나 그림.

영원한 이별

금강산 그리는 일을 마친 뒤 김홍도는 오랜만에 편안한 휴식을
취하고 있었어요.

김응환은 금강산 여행이 힘들었는지 며칠 동안 앓아누웠어요.

김홍도가 찾아갔을 때 김응환은 잠시 마루에 나와 앉아서 그림을
보고 있었어요.

"신위*가 온다고 하기에 자네와 함께 만났으면 좋겠다는 생각을
하고 있던 참인데, 마침 잘 왔네. 우리 둘이 마음이 서로 통했던
모양이지? 여독*은 좀 풀렸는가? 나는 이제야 조금 나아졌어."

"저는 괜찮습니다. 스승님께서도 먼저 뵈었을 때보다는 조금 나
으신 것 같아 안심이 됩니다. 그런데 신위가 온다고요?"

"그렇다네. 이인문이 엊그제 다녀가더니, 신위도 금강산 그림을
보러 오는 걸 테지."

"예, 지난번에 그런 이야기를 들은 것 같습니다. 그림을 보러 올
모양이지요."

"그랬었군. 신위는 나이는 어리지만 신통력이 있는 사람일세. 벌
써 이 시대의 삼절*로 꼽히지 않는가."

"그렇지요. 저와는 일찍 교류가 있었습니다만, 그는 가르치기가
무섭게 자기 것으로 삼는 능력을 가졌지요."

바로 그때 신위가 나타났습니다.

"호랑이도 제 말 하면 온다더니, 허허허……."

김응환이 뜰 안으로 들어서는 신위를 향해 웃으며 손을 들어 보

였습니다.

"안녕들 하십니까?"

신위도 반갑게 인사를 했어요.

"저희 아버님께 들은 이야기인데, 두 분이 대마도*에 다녀오셔야
된다고 하시던데, 그게 무슨 말입니까?"

신위는 마루에 앉자마자 숨 돌릴 틈도 없이 물었어요.

"대마도라니? 허어, 난 금시초문*인걸."

김응환이 고개를 갸우뚱하며 말했어요.

"나도 처음 듣는 소릴세."

김홍도도 고개를 저으며 말했어요.

"저희 아버님께서 분명히 그리 말씀하셨습니다. 하도 궁금해서
급히 전갈*을 드리려고 여기까지 달려온 겁니다."

신위도 도무지 모르겠다는 듯한 표정을 지었어요.

"자네 아버님의 말씀이라면 필시 궐 안에서 그런 이야기가 있었
던 모양이군."

김홍도가 신위를 바라보며 말했습니다.

"글쎄, 그렇긴 하네만, 우리가 금강산에서 돌아온 지 얼마 되지도
않았는데 또 함께 간다니, 이상하지 않은가?"

"내일이라도 무슨 이야기가 있겠지요. 우선 신위도 오고 하였으
니 그림이나 보이시지요."

김홍도가 화제를 돌렸습니다.

"〈금강사군첩〉 말씀이십니까?"

신위의 눈빛이 금세 빛났어요.

"그렇네. 한번 보시게."

김응환이 그림을 가져와서 신위의 앞에 펼쳐 놓았습니다.

"오! 마치 금강산을 그대로 옮겨 놓은 것 같군요!"

신위는 놀라움에 입을 다물지 못했어요.

"이것은 비로봉, 저것은 구룡폭포, 선녀봉, 유점사⋯⋯."

신위는 그림을 한 장씩 넘기면서, 금강산 절경의 이름들을 마치
가 본 듯이 술술 말했어요.

"저는 대나무라면 모를까, 이런 웅장한 풍경은 못 그립니다. 두
어른의 그림을 대하니 그저 욕심만 날 뿐입니다."

신위는 두 스승의 재능을 몹시 부러워했어요.

이튿날, 김응환과 김홍도에게 궁궐로 들어오라는 전갈이 왔습니
다. 두 사람은 함께 정조 앞으로 나아갔습니다.

"금강산 그림을 그리고 온 지가 얼마 안 되어 또다시 힘겨운 일을
부탁하게 되어 내 마음이 편치를 않소."

잠시 말을 멈춘 뒤 정조가 다시 입을 열었어요.

"하지만 이번 일은 나라의 중대한 사업이라 사사로이 그르칠 수
가 없으니 그대들이 한 번 더 고생을 해 주셔야겠소. 일본이 언제
또다시 우리 나라를 넘볼지 모르니 이에 대한 대비로 대마도 지
도를 만들려고 하오. 그러니 그대들이 일본 대마도에 좀 다녀와
야겠소. 지도를 그리는 일이라 두 사람에게 맡길 것이 못 되는 줄

알지만, 비밀리에 해야 하는 일이라 부탁하는 것이오. 가서 지형
을 정확하게 표시하고 거리도 표시해 주시오."

정조의 당부는 매우 간곡하고 은밀했어요. 사실 이 일이 발각*되
면 목숨을 잃을 수도 있었지만, 둘은 그렇게 하기로 하고 또다시 먼
길을 떠날 채비를 했어요.

당시 김응환은 건강이 매우 좋질 않았습니다. 그러나 그는 나라
의 명이라면 설사 죽을병에 걸렸더라도 당연히 해야 한다고 고집을
부렸어요.

대마도는 제주도에서 그다지 멀지 않은 곳에 있는 일본의 섬이에
요. 조선과 대마도는 바다를 통한 교역*도 종종 했답니다.

둘은 길 안내를 맡은 일행과 함께 부산으로 향했어요.

"내가 복이 많은 게야. 자네 같은 훌륭한 화가와 또다시 동행하게
됐으니 말일세."

김응환은 늘 그렇듯이 호탕한 목소리로 말했어요.

"저야말로 스승님과 다시 함께하게 돼서 영광입니다."

김홍도는 진심으로 그렇게 생각했답니다.

"아닐세. 청출어람*이라는 말이 그냥 생긴 것은 아니지. 제자가
스승보다 나아야 스승이 스승다워지는 거라네."

이렇게 말해 주는 김응환을 보며, 김홍도는 좋은 스승을 모신 것
이 얼마나 행복한지 새삼 깨달았답니다.

둘은 서로를 의지한 채 험난한 여행길을 함께 했습니다. 하지만
힘들고 지친 탓에 둘의 걸음은 점점 느려졌어요.

천신만고* 끝에 드디어 부산포에 도착했어요. 하지만 김응환은
병이 너무 깊어져 결국 움직일 수조차 없게 되었어요.

"뱃길이 고르지 못하면 큰 낭패를 당하게 됩니다. 그 몸으로 배를
타시는 것은 무리입니다, 스승님. 꼭 동행하시겠다면 우선 약부
터 드시고 몸을 추스르신 뒤에 떠나시지요."

* 발각
숨겼던 일이 드러나는 것

* 교역
물건을 서로 사고파는 일.

* 청출어람
제자나 후배가 스승보다 더 뛰어난 것을 비
유하여 이르는 말.

* 천신만고
갖가지 힘들고 고된 역경.

김응환은 김홍도의 간곡한 간청에 겨우 그렇게 하기로 했어요.
그러나 그날 저녁부터 김응환의 병세가 급작스럽게 나빠졌어요. 아
무래도 그날 밤을 넘기지 못할 것만 같았습니다.

"단원…… 단원, 내 이렇게 죽게 되어 전하를 뵐 낯이 없네. 자네
가 나 없이도 부디 이 일을 무사히 마쳐 주게. 그리고 후대까지
빛날 그림을 많이 그리시게."

김응환은 이 말을 남기고 결국 세상을 떠났습니다. 김홍도는 김
응환이 죽은 뒤 슬픔을 달랠 겨를도 없이 혼자서 대마도로 가는 배
에 올라야 했습니다.

백성들의 삶을 그리는 사또 김홍도

이제 세상에 김홍도의 이름을 모르는 사람은 없었어요. 김홍도는 그리고 싶은 그림들이 너무나 많았어요. 그것은 바로 평범한 사람들이 살아가는 일상 생활의 모습이었지요.

그러나 아직은 궁에 매여 있는 몸이라 그리고 싶은 그림을 마음껏 그리는 일은 불가능했어요. 거기다가 나이 든 정조 임금이 그림 그리는 일이라면 무엇이든 김홍도에게 맡겼기 때문에 좀처럼 틈을 낼 수가 없었답니다.

그러던 어느 날, 스승 강세황이 몹시 위독하다는 소식이 전해졌어요. 김홍도는 서둘러 강세황의 집을 찾아갔어요.

"얼마 전에 그린 용주사 불화*가 매우 훌륭하다는 말을 들었네. 그러나 나는 자네가 그린 상감의 초상조차 아직 보질 못했구먼. 나도 이제 가야 할 때가 되었네. 자네는 오래 살아서 우리 민족의 정서*가 가득 배어 있는 살아 있는 그림을 그려 주게."

강세황은 제자 김홍도의 손을 꼭 쥐며 말했어요. 늙은 스승의 간곡한 당부에 김홍도의 눈에선 뜨거운 눈물이 흘렀습니다.

하늘 같은 스승 강세황은 그 말을 유언으로 남긴 뒤 조용히 숨을 거두었습니다.

스승을 잃은 슬픔에서 헤어나지 못한 그 해 겨울, 정조는 김홍도에게 연풍 현감이라는 새로운 벼슬을 내렸어요.

현감이란 한 고을을 다스리는 원님, 즉 사또였어요. 당시 화원에게 현감 벼슬을 내리는 것은 아주 드문 일이었지요.

*불화
부처나 불교에 관해 그린 그림.

*정서
어떤 일을 경험하거나 생각할 때 일어나는 갖가지 감정, 또는 그런 감정을 일으키게 하는 주위의 분위기나 기분.

"이만한 벼슬로 어찌 그대의 큰 공에 보답할 수 있겠소만, 그래도 내 특별히 생각하여 내린 것이니 사양치 말고 부임토록 하시오."

정조는 이런 내용의 교지*를 김홍도에게 내렸어요. 김홍도는 임금님의 뜻에 따라 곧바로 충청도 연풍으로 떠났습니다.

연풍은 해마다 흉년이 들어 황폐할 대로 황폐해진 마을이었어요. 김홍도는 가난한 백성들의 춥고 배고픈 삶을 자신의 눈으로 직접 확인했습니다.

그는 겨우내 사람들의 살림살이를 살피러 고을 이곳저곳을 돌아다녔어요. 나라에서는 농사를 장려*하고 관리들의 횡포를 막으려고 애를 쓰긴 했지만, 막상 백성들에게는 전혀 소용이 미치지 못하고 있었어요.

'백성들이 모진 굶주림 속에서도 웃음을 잃지 않고, 식은 밥 한 덩이에도 예의를 버리지 않으며, 비록 가난해도 저희 옷을 지키고, 놀이며 문화도 제 것을 귀중히 여길 줄 아는데……. 관리들은 손 끝에 흙 하나 묻히지 않고도 배불리 먹고 따뜻한 방에서 지내며 태평성대*라고 임금을 속이고 있으니 얼마나 잘못된 일인가!'

김홍도는 백성들의 사는 모습이 얼마나 힘겨운지 뼈저리게 느끼며 한탄을 했습니다.

그는 현감의 자리에 있었지만, 먹을 것이 떨어진 굶주린 사람들
에게 아무 도움도 줄 수가 없었어요. 곡식 창고가 텅텅 비어 있었기
때문이지요.
　김홍도는 곡식을 보내 달라는 편지를 써서 한양으로 올려 보냈지
만, 봄이 다 되도록 쌀 한 줌 도착하지 않았어요.
　'이러다가는 고을 사람들이 모두 굶어 죽겠어.'
　김홍도는 아전들을 향해 소리쳤어요.
　"여봐라! 내 집에 들어가 양식이 될 만한 것은 모두 내어다가 동
헌 마당에 쌓고, 돈이 될 만한 것도 다 가져다 팔아서 양식을 구
해 오너라. 그리고 백성들에게 두루 알려서, 늙고 병든 사람과 어
린아이들에게 먼저 그것을 나눠 주도록 하여라."

"나으리, 그렇게 다 나눠 주고 나면 나으리의 가족들은 어떻게 합니까요?"

아전들은 걱정스러운 눈빛으로 김홍도를 쳐다보았어요.

"백성이 굶고 있는데 현감이 저 혼자만 배불러도 된다는 말이냐? 나라에서 곡식이 도착하기 전까지 우선 있는 것을 나눠 주어 백성들의 목숨만은 건져야 할 것이 아니냐. 어서 명령대로 하거라."

소식을 듣자마자 빈 자루와 함지박*을 든 굶주린 사람들이 구름처럼 모여들었어요.

"여봐라. 큰 솥을 내다 걸고 죽을 끓여 이들에게 하루에 두 끼니씩 나누어 주도록 하라. 늙은 자와 병든 자, 그리고 어린 자들에게 먼저 주도록 하라."

김홍도는 채 여물지도 않은 보리로 죽을 끓여 고을 사람들을 먹이며 힘겹게 겨울을 났습니다.

드디어 따뜻한 봄이 돌아왔습니다.

산과 들에 새파란 잎들이 돋아나자, 사람들은 희망차게 농사지을 준비를 했어요. 김홍도는 농사짓는 사람들을 보러 마을을 돌아다녔어요.

"그림으로 임금의 총애를 받는 현감이라고 하더니,
백성들에게도 이렇게 선정*을 베푸는구나."

백성들은 그를 매우 존경했어요. 벼슬아치들은 모두 제 욕심만
채우는 줄 알았는데, 김홍도는 그렇지 않았기 때문이지요.

그러나 백성들이 그를 좋아하고 따르지만, 김홍도는 마음이 영
불편했답니다. 왜냐하면 그는 현감 일보다 그림 그리는 일이 훨씬
더 좋았기 때문이지요. 그는 낮에는 백성들의 생활을 살피고, 밤에
는 호롱불 밑에서 그림을 그렸습니다.

김홍도는 '단원'이라는 호 외에도 '취화사'라는 호를 하나 더 만
들었어요. 이 호는 스스로에게 지어 붙인 것인데, '그림에 취한 선
비'라는 뜻이었어요.

그는 농사꾼 차림을 하고 고을 사람들 틈에 끼여 앉아 어울리기
를 좋아했어요.

청명, 단오, 한식, 한가위…… 절기에 따라 백성들은 한데 어울려
씨름하고, 그네 타고, 다리 밟기를 했어요. 그런 백성들의 모습은
매우 생기 있고 즐거워 보였지요.

'이런 모습들을 그림으로 그리면 백성들이 얼마나 좋아할까?'

농부들이 소 등에 나뭇짐을 얹고 개울을 건너는 모습도 아름다웠
어요. 김홍도는 그런 평범한 백성들의 모습을 그렸어요.

훈장이 아이들에게 야단을 치고 담뱃대나 회초리로 매를 때리는
우스꽝스런 서당 풍경도 그에겐 훌륭한 소재였지요.

김홍도의 눈엔 이렇게 공부하고, 일하며, 춤추고, 놀이하는

*선정
바르고 좋은 정치.

하나하나의 모습이 모두 살아 움직이는 한 폭의 그림 같았어요.

김홍도는 산수화나 신선도도 잘 그렸지만, 당시 화가들이 관심을 두지 않았던 농민들의 순박한 삶의 모습들을 독창적인 기법으로 그렸어요.

그는 서민들의 생활 모습과 정서를 익살스럽고 구수한 필치로 화폭에 담아 냈어요. 이것들은 사회를 풍자*하는 내용을 곁들인 그림들이 대부분이었지요. 그는 이러한 한국적인 풍속화*의 새로운 경지를 개척한 화가였습니다. 덕분에 그의 그림은 우리 선조들이 어떻게 살았는가를 알 수 있게 해 주는 귀중한 자료가 되었지요.

김홍도는 백성들의 삶을 헤아리는 현감이었지만, 흉년이 계속되는 상황을 감당하기엔 너무도 힘이 모자랐어요.

게다가 그는 동헌에 나가 고을 사람들의 잘잘못을 가려 주고 많은 문제들을 해결하는 일보다는, 혼자서 그림 그리는 것과 온갖 생각에 깊이 몰두하기를 더 좋아했어요.

그가 다스리는 고을에는 집을 잃고 떠도는 사람과 굶주리는 사람들이 점점 더 많아졌어요.

정조는 충청 감사 이형원의 편지를 통해 이미 김홍도의 행동들을 하나하나 보고받고 있었어요.

그 해 정월, 충청도 지방에 어사로 가 있던 홍대협이 조정에 돌아왔어요.

"연풍 현감 김홍도는 고을을 어떻게 다스리고 있던가?"

정조가 물었어요.

"소인이 직접 본 것은 아니오나, 사람들이 전해 주는 이야기와 소문으로는 그의 행동이 괴상하다고 하였습니다. 농사꾼 복장으로 민정을 살피면서 그들과 함께 어울린다고 하였습니다."

묵묵히 듣고 있던 정조는 김홍도의 벼슬을 거두고 그를 다시 한양으로 불렀습니다. 김홍도는 벼슬을 얻은 지 3년 만에 현감 자리

에서 물러나게 된 것이지요.

연풍 고을을 떠날 때 김홍도에게 짐이라고는 종이 보퉁이와 책들이 고작이었습니다. 종이 보퉁이는 그가 백성들과 함께 생활하며 그려 모았던 약사*들이었어요.

그동안 김홍도는 서민들의 생활 모습을 그렇게 많이 스케치해 두었던 것입니다.

출세도 버리고 욕심도 버리고

관직에서 물러난 뒤 김홍도의 집안 형편은 말이 아니었습니다. 아내가 아침저녁으로 끼니 걱정을 할 때에도, 김홍도는 그런 것에 신경을 쓰지 않았어요.

김홍도가 한양으로 올라온 것을 알게 된 소금 장수 김한태는 양식을 자주 보내왔어요. 김한태는 30년이 다 되도록 이렇듯 김홍도의 생활을 도와주고 있었지요.

김홍도는 큰 방 하나를 치운 뒤, 책상과 의자를 갖다 놓고 좋은 먹과 벼루, 붓을 갖추었습니다. 그리고 뜰에는 아름다운 나무들을 심었어요.

서쪽 사는 이웃 사람은 부자이면서도 오히려 모자라 걱정인데,
동쪽 노인은 가난하면서도 기뻐하는 여유가 있구나.
막걸리를 걸러 오는 것 보니 좋은 손님이 오셨는가.
황금을 다 써 버린 것은 책을 사느라 그랬다지.

*나전
광채가 나는 작은 자개 조각(금빛이 나는 조개를 얇게 썰어 낸 조각)을 여러 가지 모양으로 박아 붙여서 꾸미는 공예 기법.

김홍도는 그림뿐만 아니라 시도 잘 썼어요.

"김 화사님, 그간 안녕하셨습니까?"

어느 날, 오랜만에 김한태가 김홍도를 찾아왔어요.

"오! 어서 오시오. 그렇잖아도 소식이 없어 궁금했습니다."

김홍도는 형제를 만난 듯 반갑게 그를 맞았습니다.

"저는 집을 떠나 소금밭에 가 있다가 며칠 전에야 돌아왔습니다."

김한태는 인사를 끝내고 김홍도의 방 안과 뜰을 둘러보았어요. 마당에는 낙엽이 수북이 깔려 있었어요.

"뜰이 매우 운치가 있군요. 이 간단한 책상이며 의자에서도 김 화사님의 기품이 드러나 보입니다. 저희는 그저 자개 박은 나전*이 최고인 줄 알고 사는데……."

김홍도는 김한태의 말에 껄껄 웃었어요. 그때 문득 머릿속에 스치는 시구가 있어 김홍도는 곧 붓을 들었어요.

덧없는 이름을 문장으로 세상에 남겨도 해가 되고,
부귀의 지극함도 거짓되고 번거롭다.
산중 고요한 밤에 향 피우고 조용히 앉아

소나무에 이는 바람 소리 듣는 것만 하겠는가.

김한태는 흐뭇한 표정으로 김홍도를 지켜보았어요. 그때 김홍도가 자그마한 화첩을 꺼내 김한태 앞에 내려놓았습니다.

김한태는 화첩을 한 장씩 넘기기 시작했어요. 열 장 남짓한 화첩은 깨끗하고 세련된 필치로 그려진 산과 바다 그림이었어요.

"곧게 솟아오른 바위를 보니 총석정을 그리신 건가 봅니다."

김한태의 말에 김홍도는 고개를 끄덕였어요.

맑은 갈색으로 바윗덩이를 힘있게 내려 그은 위에 먹으로 점 몇 개를 찍어 바위에 긴 이끼와 풀을 표현하고, 주위에는 바다의 물결이 유연한 선 몇 개로 잘 표현되어 있었어요. 절정에 이른 김홍도의 솜씨가 그림 속에 잘 녹아 있었지요.

그림 속의 물새 두 마리가 바다 쪽으로 날아가는 모습도 총석정의 운치를 더하고 있었어요. 한 장 한 장이 대가가 아니고서는 그려 내기 어려운 솜씨였습니다.

"이거, 보잘것없지만 성의껏 그렸으니 받아 주세요."

김홍도는 화첩에다 낙관*을 찍어 김한태에게 건넸어요. 김홍도는 이렇게 마음이 맞는 사람이면 양반, 평민 가리지 않고 친하게 지냈고, 가끔씩 그림도 나누어 주었답니다.

김홍도의 말년*은 매우 불행했어요. 정조가 죽은 뒤 정국이 변하면서 그에 대한 대우도 변변치 않아 그의 생활은 매우 어려웠어요. 게다가 심한 병까지 앓고 있었지요.

그가 어디서 어떻게 죽었는지는 전해지는 기록이 없어 전혀 알 수가 없답니다. 하지만 우리 나라의 자연과 서민들을 사랑한 단원 김홍도의 그림만은 우리 곁에 남아 오늘날까지도 우리의 가슴에 깊은 감동을 주고 있습니다.

▲ 김홍도, 〈총석정도〉, 개인 소장.
1795년에 그린 〈총석정도〉에서는 실제 풍경을 그리는 김홍도의 솜씨가 맑고 원숙한 경지에 올라 있음을 느낄 수 있어요. 치밀하고 섬세한 묘사가 없으면서도 화면이 한 군데도 허술한 곳이 없답니다.

* 낙관
글씨나 그림을 완성한 뒤, 호나 이름을 쓰고 도장을 찍는 일. 또는 그 이름이나 도장.

* 말년
인생의 마지막 무렵.

한눈에 보는 김홍도의 생애

산수·인물·풍속·화조 등 여러 분야에서 뛰어난 재능을 발휘한 김홍도는 조선 후기 한국화의 발전에 큰 영향을 끼친 화가입니다. 그는 특히 조선 시대에 풍속화라는 새로운 그림의 영역을 개척한 사람이에요. 그의 풍속화에는 당시 서민들의 일상적인 생활 모습과 감정이 구수하고 익살스럽게 그려져 있답니다. 이미 30대에 풍속화첩을 그린 김홍도의 그림은 같은 시대의 김득신, 신윤복에게 큰 영향을 끼쳤고, 여러 후배들에 의해 계승되었답니다.

● 강세황의 추천으로 도화서의 화원이 되다

김홍도는 7~8세부터 20여 세까지 안산에서 표암 강세황 선생으로부터 그림과 글 수업을 받았으며, 그의 추천으로 도화서 화원이 되었어요.

정조 임금 당시 화원의 수는 서른 명 정도였는데, 그 중에서도 더욱 뛰어난 화원 열 명은 따로 규장각에 소속시켜 대궐 안의 일상적인 일이나 행사를 기록하는 그림을 그리도록 했어요.

김홍도는 규장각 설립 당시에 이미 〈규장각도〉를 그려 정조에게 바쳤지만 규장각 화원은 아니었고, 임금님을 가까이 모시면서 어명에 따라 특정 그림을 그린 예가 많았어요.

▼ 정조 어진.

▲ 김홍도, 〈규장각도〉, 중앙국립박물관 소장.

● 정조 임금이 가장 아끼던 나라의 으뜸 화가

정조는 재위 마지막 해인 1800년 정초에 "화원 김홍도를 잘 알고 있으며 30년간 나라의 중요한 그림을 도맡아 그리게 하였다."고 회고했지요.

김홍도는 나라에서 벌인 큰 행사 모습을 직접 그리기도 하고, 다른 화가들이 잘 그리도록 돕기도 했습니다. 또한 세 차례나 임금의 초상화를 그렸고, 왕명에 따라 창덕궁의 〈해상군선도〉라는 커다란 벽화를 그리기도 했고, 정조의 친아버지 사도세자를 위해 용주사라는 절의 대웅보전 불화를 제작하기도 했지요. 정조는 또 그에게 〈원행을묘정리의궤〉나 〈오륜행실도〉 같은 중요한 책의 삽화를 그리도록 했습니다.

▲ 김홍도, 〈오륜행실도〉, 호암미술관 소장.

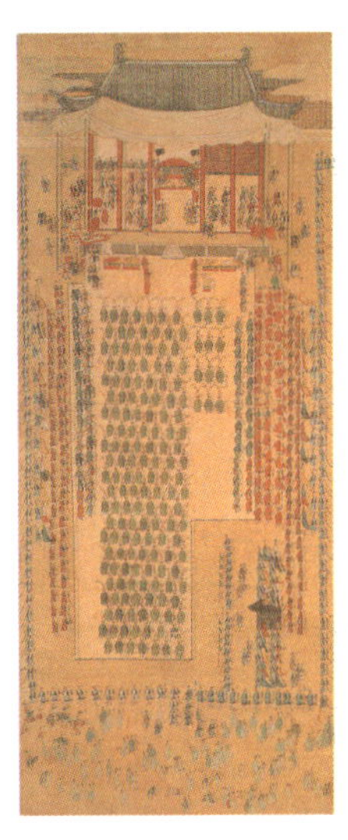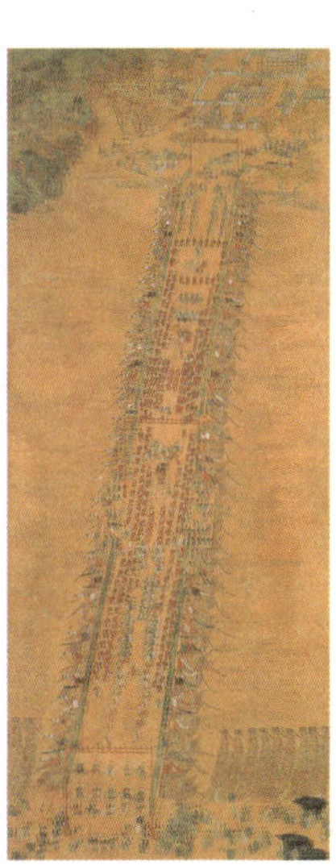

▲ 〈화성능행도〉, 호암미술관 소장.

정조 19년(1795)은 정조의 부모인 사도세자와 혜경궁 홍씨가 회갑이 되는 해였어요. 이 해 2월에 정조는 혜경궁 홍씨와 함께 화성(현재의 수원)에 있는 사도세자의 묘소인 현륭원에 행차하여 성묘를 하고, 화성행궁에서 혜경궁께 회갑 잔치를 열어 드렸어요. 왕이 친히 능에 가는 것을 '능행'이라고 한답니다. 위의 〈화성능행도〉 병풍은 이때 거행된 행사들 중에서 중요한 장면을 뽑아 8폭으로 나누어 그린 것이에요.

이 행사의 일정과 절차 등을 자세히 기록하고 있는 책 〈원행을묘정리의궤〉에 따르면 이 그림들을 그린 화원은 최득현·김득신·이명규·장한종·윤석근·허식·이인문 등이었다고 해요. 이들은 당시 단원파라 할 만큼 김홍도의 영향을 받은 사람들로, 이 그림들에서도 기법이나 색채 면에서 김홍도의 화풍이 역력하지요. 조선 후기 판화 중에서 색채를 칠한 것으로는 드문 예이고, 이 그림들은 오늘날 역사적인 자료로서 가치가 아주 크답니다.

▲ 〈화성행궁도〉, 개인 소장.
화성행궁을 완성하기 1년 전에 그린 일종의 조감도예요

▲ 〈화성행궁도〉 부분도.

▲ 김홍도, 〈삼공불환도〉.
김홍도가 연풍 현감에서 물러난 뒤 그린 그림. 자연을 벗 삼아 사는 것이 벼슬자리보다 훨씬 좋다는 내용을 담고 있어요.

● 산수화에 담긴 독자적인 예술 세계

▲ 김홍도, 〈옥순봉도〉.

김홍도는 조선 시대의 대표적인 풍속화가로 알려져 있어요. 그런데 실제로는 평생도·신선도·풍속화·산수화·초상화 등 모든 분야에서 실력이 탁월했어요. 그 중에서도 산수화는 그의 예술 세계를 가장 빛내 주었습니다.

동양에서 산수화는 북종화와 남종화로 나뉘어요. 북종화는 직업적인 화가들이 장식을 곁들여 화려하게 그린 그림이에요. 남종화는 문인들이 먹을 이용해 담백하게 그리는 것이 그 특징이지요.

우리 나라에는 조선 중기에 중국에서 이 화풍이 들어왔어요. 강세황은 당시 우리 나라에서 남종화를 대표하는 화가였습니다. 강세황의 지도를 받은 김홍도는 남종화 화풍을 발전시켜 우리 민족의 정서를 잘 살리는 그림을 그렸지요.

▲ 김홍도, 〈기려원유도〉, 간송미술관 소장.
김홍도가 먼 여행과 중병으로 고생한 후에 그린 그림이에요. 부채에 적힌 글은 당시 김홍도의 심정을 표현하고 있어요.

옷에 묻은 전장의 먼지, 술 찌꺼기와 범벅 되니
먼 곳을 떠돌면서 상심하지 않은 곳 없었다네.
이 몸이 정녕 시인이어야 하겠는가.
보슬비 속에 나귀 타고 검문산을 들어간다.

44세가 되던 해, 김홍도는 정조의 명을 받아 김응환과 함께 금강산에 올라 풍경화를 그린 것을 계기로 독자적인 산수화의 경지를 확립하게 되었어요.

▲ 김홍도, 〈와선대〉, 간송미술관 소장.

▲ 김홍도, 〈추성부도〉(부분), 호암미술관 소장.

● 조선 후기 풍속화의 대가로 우뚝 서다

김홍도는 신선도를 그려도 중국의 것을 그대로 모방하는 것이 아니라 우리 나라 사람처럼 신선을 그렸어요.

풍속화는 그 시대 살아가는 사람들의 모습을 그린 그림을 말하지요.

김홍도의 풍속화에는 양반에서 평민에 이르기까지 모든 사람들의 모습이 상세히 나와 있어 미술적 가치는 물론, 역사적 자료로서도 가치가 높습니다. 김홍도의 그림은 같은 시대의 화가 김득신, 신윤복에게도 큰 영향을 끼쳤어요.

▲ 김홍도, 〈마상청앵도〉(부분).

그의 대표적인 작품으로는, 자연 속에 사는 것을 정승 벼슬 자리하고도 바꾸지 않겠다는 뜻이 담긴 〈삼공불환도〉와, 한국적인 해학과 정취가 가득 찬 25면으로 구성된 '단원풍속화첩', '말을 타고 가다가 꾀꼬리 소리에 멈추었다.' 는 뜻을 지닌 〈마상청앵도〉 등이 있어요.

정조의 사랑을 듬뿍 받았던 그는, 1800년 정조가 죽은 뒤에 건강도 나빠지고 형편도 그다지 좋질 않았어요.

1805년에 그린 〈추성부도〉에서는 허망한 인생에 대한 독백과도 같은 쓸쓸한 읊조림이 느껴져요. 이 그림이 김홍도의 마지막 작품이라고 알려져 있지요.

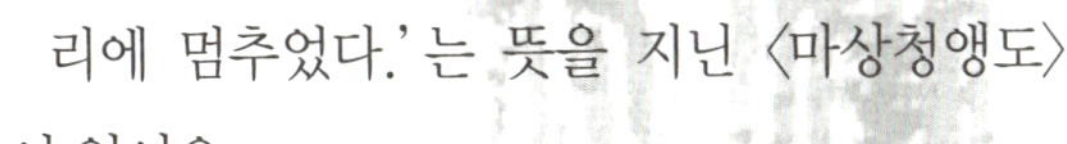

단원 그림의 세상 속으로

▲ 김홍도, 〈춤추는 아이〉.

▲ 김홍도, 〈씨름〉.

● '단원풍속화첩'에 담긴 풍속화 25점

　김홍도의 풍속도 하면 흔히 연상되는 〈씨름〉, 〈춤추는 아이〉, 〈서당〉 등 김홍도의 대표작 25점이 이 화첩에 들어 있어요.

　이 그림들의 순서는 1)서당, 2)논갈이, 3)활쏘기, 4)씨름, 5)행상, 6)춤추는 아이, 7)기와 이기, 8)대장간, 9)노상파안, 10)점괘, 11)나룻배, 12)주막, 13)고누놀이, 14)빨래터, 15)우물가, 16)담배 썰기, 17)자리 짜기, 18)벼 타작, 19)그림 감상, 20)길쌈, 21)편자 박기, 22)고기잡이, 23)산행, 24)점심, 25)장터길로 되어 있어요.

　'단원풍속화첩'에 들어 있는 이 작품들에서는 사람들의 일하는 모습이나 놀이 장면 등, 모든 계층 사람들의 생활 모습이 요모조모 잘 드러나 있지요.

　그림들은 대체로 배경을 생략하고 등장 인물들이 취하는 자세와 동작만으로 적절한 화면을 구성하고 있어요. 평범한 일상 생활 속에서 예리한 시각으로 순간을 포착해 내는 화가의 통찰력이 매우 돋보이는 작품들입니다.

▲ 〈담배 썰기〉

▲ 〈고누놀이〉

▲ 〈우물가〉

● 김홍도의 풍류 세계

▲ 김홍도, 〈유압도〉.

  김홍도는 키는 훤칠하게 크고, 풍채 또한 신선 같았다고 합니다. 그림을 그리는 예술가답게 술과 풍류를 즐기는 것을 무척 좋아했다고 전해지지요.

  김홍도는 글씨도 대단히 잘 썼으며, 그 자리에서 즉시 운을 맞춰 한시를 척척 지을 만큼 문학적 소질도 뛰어났어요. 그래서 당대의 많은 문인들과 교류를 하기도 했지요. 더욱이 대금이며 거문고 등 악기 연주 실력도 대단했다고 해요.

  한번은 살림이 넉넉지 않았던 시절에 김홍도가 모처럼 그림을 팔아 100냥을 마련했어요. 그 중 70냥으로 매화를 사고, 다시 20냥으로 술과 안주를 샀어요. 그리고 남은 10냥으로 이틀치 식량을 샀답니다.

  그는 좋은 매화를 산 것이 기뻐서 친구들을 불러모아 20냥으로 산 술과 안주를 대접하며, 매화를 보고 즐겼다고 합니다.

  한편 그의 스승 강세황은 "김홍도가 사는 모습은 책상이나 의자가 깨끗이 정돈되었고, 뜰과 계단도 아담하고 말끔하여, 집 안을 둘러보면 마치 신선이 사는 것 같은 느낌이 든다."라고 회고한 적이 있었답니다.

▲ 김홍도, 〈까치와 참새〉.

김홍도 (1745~?) 연표

	김홍도의 생애	한국사 주요 사건	세계사 주요 사건
1745	김해 김씨 집안 김석무의 아들로 태어남.	〈경국대전〉, 〈속대전〉을 1책으로 간행.	
1751	경기도 안산에 살던 강세황에게 그림을 배움.	고려 학자 남하정 사망.	
1765	화원으로 '경현당 수작도계병'의 제작에 참여.	홍계희 등, 〈해동악장〉을 편찬.	와트, 증기기관 완성.
1770	다시 지은 영희전의 그림을 그림.	〈동국문헌비고〉 완성. 난장형 폐지.	독일 물리학자 제베크 출생.
1773	영조와 어린 세손이었던 정조의 초상화를 그림. 이에 대한 포상으로 별제 벼슬을 얻음.	한성 청계천의 둑을 돌로 쌓기 시작함.	미국 보스턴 차 사건 발생.
1774	사포서에서 스승 강세황과 함께 일함.		독일 화가 프리드리히 출생.
1776	〈군선도병〉 그림. 영조가 죽고 정조가 즉위함. 〈규장각도〉 그림.	규장각 설치.	미국, 독립 선언.
1778	〈서원아집도〉 그림.	조선의 문신 이의철 사망.	프랑스의 사상가 루소 사망.
1781	정조 어진 제작에 참여.	조선의 문신 이상정 사망.	허셜, 망원경으로 천왕성 발견.
1782	스승 강세황과 호랑이 그림을 그림.		청의 대총서 〈사고전서〉 완성.
1784	경상도 안기 찰방이 됨. 〈단원도〉 그림.	이승훈, 천주교 관련 서적을 가지고 귀국.	
1788	정조의 명으로 김응환과 함께 금강산과 영동 지역의 풍경을 그림.	서학 관계 서적을 대량 불태움.	스페인 왕 카를로스 3세 사망.
1789	정조의 명으로 김응환과 함께 대마도 지도를 그리러 떠남.		프랑스 대혁명, 인권 선언.
1790	용주사 탱화를 감독하고, 그 중 후불탱화 〈삼세여래불〉과 〈칠성여래불〉을 직접 그림.	안정복, 〈동사강목〉을 지음.	영국 측량학자 에베레스트 출생.
1791	스승 강세황이 죽음.	신해통공 : 금난전권을 폐지함.	작곡가 모차르트 사망.
1792	연풍 현감으로 부임. 아들 김양기를 얻음.	정약용, 기중기 발명.	프랑스, 오스트리아에 선전포고.
1795	연풍 현감에서 해임됨. 정조의 명에 따라 화성 방문을 기록한 〈원행을묘정리의궤〉를 그림.	혜경궁 홍씨, 〈한중록〉 지음.	프네 헤이그 조약 체결.
1796	〈병진년화첩〉을 그림. 〈불설대보부모은중경〉의 삽화를 그림.		청, 백련교도의 난.
1797	〈오륜행실도〉의 밑그림을 그림.	이긍익, 〈연려실기술〉 편찬.	작곡가 슈베르트 출생.
1800	주자의 시를 그림으로 옮긴 여덟 폭 병풍 〈주부자시의도〉를 그려 정조에게 바침. 정조가 갑작스레 죽음.		미국, 워싱턴 시를 수도로 결정.
1801	〈삼공불환도〉를 그림.	황사영 백서 사건 일어남.	영국, 아일랜드 병합.
1804	규장각 차비대령 화원이 됨. 〈기로세련계도〉, 〈남해관음도〉를 그림.	순조의 친정 시작.	나폴레옹 1세, 프랑스 황제가 됨.
1805	병으로 차비대령 화원을 그만둠. 〈추성부도〉를 그림. 1810년경을 전후하여 죽은 것으로 추정됨.	안동 김씨의 세도 정치 시작.	아우스테를리츠 전투 개시.
1818	아들 김양기가 〈단원유묵집〉을 엮음.		러시아 소설가 투르게네프 출생.

① 김홍도가 어려서부터 스승으로 모시고 따랐던 사람은 이름난 양반 집안 출신이었어요. 글과 그림에 능한 문인화의 대가이자 선비와 화가들의 존경을 한몸에 받은 사람은 누구일까요?

② 김홍도와 함께 지도를 그리러 일본의 대마도를 향해 가던 중 죽은 사람은 누구일까요?

③ 김홍도는 강세황의 추천으로 도화서에 들어가 그림 그리는 일을 하게 되었습니다. 도화서에서 그림 그리는 사람을 무엇이라고 하나요?

④ 김홍도 집안의 신분은 무엇이었나요?

⑤ 정조 임금의 명을 받아 김홍도와 김응환이 함께 그림을 그렸던 산의 이름은 무엇일까요?

⑥ 김홍도는 연풍 현감 자리에 있을 때 백성들의 생활하는 모습들을 그림으로 그렸는데, 이렇게 사람들의 사는 모습들을 담은 그림을 무엇이라고 하나요?

⑦ 정조 임금이 김홍도와 김응환에게 금강산을 그려 오라고 한 이유는 무엇이었나요?

⑧ 김홍도는 중국 명나라의 유명한 문인 화가인 이유방을 존경하여 그의 호를 따라 자신의 호를 그대로 지었지요. 그의 호는 무엇인가요?

⑨ 왕세손의 초상을 그리는 어용 화사를 뽑는 자리에서 이 사람의 작품이 정본으로 뽑혔지요. 고양이를 잘 그려 '변고양이' 라는 별명을 갖고 있는 이 사람은 누구일까요?

⑩ 김홍도가 금강산을 그릴 때 따로 화첩을 만들어 자신이 원하는 대로 금강산을 그린 것이 오늘날까지 전해 오고 있지요. 이 화첩의 이름은 무엇인가요?

〈교과서 큰 인물 이야기〉 교과 수록 및 연계표

테마	권	작품	교과 수록 및 연계
의지와 기상	01	광개토대왕	초등학교 읽기 5-1 8.함께하는 세상 166쪽, 사회과 탐구 5-1 1.하나 된 겨레 20쪽, 중학교 역사(상) II.삼국의 성립과 발전, 대교 42쪽
	02	을지문덕	초등학교 사회과 탐구 5-1 1.하나 된 겨레 28쪽, 중학교 역사(상) III.통일 신라와 발해, 두산동아 71쪽
	03	계백	중학교 역사(상) III.통일 신라와 발해, 대교 78쪽
	04	김유신	초등학교 사회과 탐구 5-1 1.하나 된 겨레 30쪽, 중학교 역사(상) III.통일 신라와 발해, 두산동아 74쪽
	05	강감찬	초등학교 듣기·말하기·쓰기 4-2 2.하나씩 배우며 34쪽, 중학교 역사(상) IV.고려의 성립과 발전, 두산동아 104쪽
	06	이순신	초등학교 사회과 탐구 5-1 3.유교 전통이 자리 잡은 조선 102쪽, 도덕 6 1. 귀중한 나, 참다운 꿈 19쪽
	07	알렉산더	중학교 역사(상) VII.통일 제국의 형성과 세계 종교의 등장, 대교 235쪽
	08	나폴레옹	초등학교 생활의 길잡이 3-2 1.소중한 나 17쪽
	09	칭기즈 칸	중학교 역사(상) IX.교류의 확대와 전통 사회의 발전, 대교 288쪽
지혜와 용기	10	장보고	초등학교 읽기 4-2 5.정보를 모아 98쪽, 사회과 탐구 5-1 1.하나 된 겨레 34쪽, 중학교 역사(상) III.통일 신라와 발해, 대교 96쪽
	11	왕건	초등학교 사회과 탐구 5-1 2.다양한 문화를 꽃피운 고려 44쪽, 중학교 역사(상) IV.고려의 성립과 발전, 두산동아 98쪽
	12	최영	사회과 탐구 5-1 3.유교 전통이 자리 잡은 조선 76쪽, 중학교 역사(상) V.고려 사회의 변천, 대교 167쪽
	13	정약용	초등학교 도덕 4 1.최선을 다하는 생활 17쪽, 국어 6-1 읽기 6.타당한 근거 122쪽, 중학교 도덕 1 I.도덕적 주체로서의 나, 미래엔 52쪽
	14	세종대왕	초등학교 사회과 탐구 5-1 3.유교 전통이 자리 잡은 조선 83쪽, 읽기 6-2 5.언어의 세계 125쪽
	15	황희	초등학교 생활의 길잡이 4-2 3.따스한 손길 행복한 세상 57쪽
	16	성삼문	중학교 역사(상) VI.조선의 성립과 발전, 미래엔컬처그룹 178쪽
	17	이항복	중학교 도덕 1 II.우리·타인과의 관계, 두산동아 97쪽
	18	신채호	초등학교 사회과 탐구 5-2 2.새로운 문물의 수용과 자주독립 67쪽, 중학교 역사(상) III.통일 신라와 발해, 대교 80쪽
자유와 인권	19	링컨	초등학교 읽기 4-2 3.서로 다른 의견 49쪽, 도덕 5 2.감정, 내 안에 친구 41쪽
	20	간디	초등학교 도덕 6 4. 서로 배려하고 봉사하며 79쪽, 중학교 국어 1-2 4.체험과 깨달음, 디딤돌 125쪽, 도덕 2 III.사회·국가·지구 공동체와의 관계, 두산동아 177쪽
	21	전봉준	초등학교 사회과 탐구 5-2 2.새로운 문물의 수용과 자주독립 43쪽
	22	안중근	초등학교 도덕 6 6.용기, 내 안의 위대한 힘 120쪽, 사회과 탐구 5-2 2.새로운 문물의 수용과 자주독립 37쪽
	23	마틴 루터 킹	초등학교 사회 6-2 1.우리나라의 민주 정치 41쪽, 듣기·말하기·쓰기 6-2 6.생각과 논리 122쪽, 중학교 도덕 2 III.사회·국가·지구 공동체와의 관계, 두산동아 176쪽
	24	만델라	초등학교 생활의 길잡이 6 6.용기, 내 안의 위대한 힘 99쪽, 중학교 도덕 2 I.일과 배움, 디딤돌 56쪽
	25	김구	초등학교 도덕 3 8.자랑스러운 대한민국 209쪽, 사회과 탐구 5-2 2.새로운 문물의 수용과 자주독립 37쪽.
	26	유관순	초등학교 도덕 3-1 5.나라를 사랑하는 마음 99쪽, 읽기 5-1 8.함께하는 세상 170쪽, 사회과 탐구 5-2 2.새로운 문물의 수용과 자주독립 37쪽
	27	안창호	초등학교 도덕 6 2.책임을 다하는 삶 45쪽, 사회과 탐구 5-2 2.새로운 문물의 수용과 자주독립 37쪽, 읽기 6-2 3.문제와 해결 78쪽
예술과 창조	28	신사임당	중학교 역사(상) VI.조선의 성립과 발전, 대교 197쪽
	29	김홍도	초등학교 읽기 4-2 2.하나씩 배우며 32쪽, 중학교 역사(상) VI.조선의 성립과 발전, 대교 199쪽
	30	이중섭	초등학교 듣기·말하기·쓰기 6-2 1.문학과 삶 14쪽
	31	레오나르도 다 빈치	중학교 역사(상) VIII.다양한 문화권의 형성, 대교 279쪽
	32	모차르트	초등학교 음악 6 1.나가자! 달리자, 금성출판사 13쪽, 중학교 음악 1 5.자연을 노래하는 우리, 금성출판사 74쪽
	33	베토벤	중학교 도덕 2 IV.문화와 도덕, 미래엔컬처그룹 265쪽, 도덕 3 IV. 삶과 종교, 두산동아 183쪽, 천재교육 198쪽
	34	슈베르트	중학교 음악 1 6.서정을 노래하는 우리, 금성출판사 88쪽
	35	안데르센	초등학교 듣기·말하기·쓰기 6-1 국어 교실 함께 가꾸기 146쪽
	36	셰익스피어	고등학교 문학(상) II. 문학의 수용, 미래엔컬처그룹 92쪽, 문학(하) X.한국 문학과 문화, 교학사 307쪽
	37	톨스토이	초등학교 읽기 4-2 4.이럴 때는 이렇게 74쪽, 읽기 5-2 6.깊은 생각 바른 판단 158쪽, 중학교 도덕 3 I.삶의 목적, 중앙교육진흥연구소 42쪽
	38	스필버그	고등학교 문학(상) V.극문학의 수용과 창작, 태성 310쪽